デュオする名言、響き合うメッセージ

墓碑を歩き、人と出会う、言葉と出会う

立元幸治

福村出版

〔装画〕藪野　健（日本芸術院会員）

はじめに

〝墓碑は時代の証言者であり、紡がれた人生の物語である〟

そんな思いを強くしたのは、先ごろ刊行した四つの古寺霊園物語の執筆を通じてのことでした。その四部作『東京多磨霊園物語』『東京青山霊園物語』『鎌倉古寺霊園物語』、そして『墓碑をよむ』の取材執筆にあたっては、多くの著名人や無名の人々の墓碑を訪ね、そこに眠る人々の生きた姿や時代や世相、それぞれの交差する人生、そして遺した言葉に出会いました。霊園や墓地を歩いて二十余年、それはまさに多くの気づきの連続でした。

そこでとくに印象に残ったのは、一つの時代を創った人々、あるいは自らの志を貫いた人々の遺した珠玉のような言葉です。そうした言葉はそれぞれの時代や人生を映し出すものであるとともに、混迷を極める現代に生きる人々へのさまざまな示唆や励ましのメッセージでもあることにも気づかされました。

あるとき旧知の作家から、これだけの言葉の蓄積を一冊にまとめてみてはどうかという提言をいただきました。そこで、あらためて関連資料を検証し、そこで出会った心に届く言葉を整理し、さらにその後歩いた谷中、雑司ヶ谷、染井、小平、さらには八王子、高尾、富士見台など、東京やその周辺の墓地や霊園を訪ね、そこに眠る人物の資料を渉猟し、遺された言葉を拾い上げていくと、誠に中身の濃い、珠玉のような言葉の集積となりました。

また、それぞれの言葉はそれぞれに強いインパクトを持つものですが、それらを丁寧に読み込んでいくと、それぞれの行間に伝わるメッセージに、時代やジャンルを超えて深く重なるものや強く響き合い、共鳴するものが多々あることに気づかされました。

先だってテレビのクラシック番組を視ていたら、「デュオ」をテーマとして取り上げていましたが、バイオリンの三浦文彰とピアノの辻井伸行のトークと演奏に思わず引き込まれました。また、その後聴いた和太鼓とチェロ、三味線とアルトサックスの共演で、同様なデュオの感動を味わいました。もともとデュオとは二重唱、二重奏のことですが、二つの異能あるいは異質の個性が共演することにより新しい作品を作り上げること、それぞれの個性を生かしながら、新たな創造を生み出すものであるということに、あらためて深い実感を呼び覚まされたのでした。もちろんそれは音楽というジャンルに限りません。

その番組を視ながら、ふと本書の趣旨とどこか通じ合うものを感じました。もともと別々の個々の名言が響き合いながら新たな感銘や共感を生み出す、本書はまさに〝名言のデュオ〟といってもいいかもしれないということに思い至ったのでした。

そこで本書では、従来の名言集や語録集とは一味違う、どこかで響き合う、あるいは交差する二つの言葉を組み合わせて構成するという、独自の方法を採ることにしました。なかには一見牽強付会と思われるものもあるかもしれませんが、あえて異色の、あるいは意外性のある組み合わせを作るという挑戦も試みました。あわせて、その名言と響き合うほかの名言もすくい上げ、加えました。

いくつかの例をあげてみます。

この生きづらい時代環境と貧しい政治の現実に直面するとき、あらためて政治とは何か、権力とは何かという根源的な問いに向き合います。もう一世紀半ほども前に語られた中江兆民の「人民は本なり政府は末なり、人民は源《みなもと》なり、政府は流《ながれ》なり」という言葉が新鮮に響きます。それに対して、山本周五郎は、「権力がいかに貪婪《どんらん》なものか」について語り、佐多稲子は「政治とはいったい何なのか」、忌野清志郎は、「いったい、この国は何なのだ」と問いかけます。

また、「官と民」に関して、中江兆民は、「官とは何ぞや、本《もと》是れ人民のために設くるものに非《あら》ずや、今や乃《すなわ》ち官吏のために設くるものの如し」と問い、植木枝盛は「人民は政府の奴隷に非ざるなり」と語ります。そして林達夫は「迎合と忖度《そんたく》が国を亡ぼす」、星新一は、「人民は弱し、官吏は強し」と呼応します。そして徳富蘆花は、「政治は玩具《おもちゃ》ではない」と厳しく語り、井上ひさしは、「わたしたちはもう東京からの言葉で指図をされるのはことわる。わたしたちの言葉でものを考え、仕事をし、生きていきたい」と宣言します。こうした言葉は、現代の政治や官僚に対する批判としても色褪《あ》せない迫力を感じさせます。

細井和喜蔵は『女工哀史』で、藤森成吉は『何が彼女をそうさせたか』で、近代化の負の側面を描き、木下尚江は、「人は文明の主人では無くして、却《かえ》って文明の奴隷となって居る」、志賀直哉は、「人智におもいあがっている人間は何時《いつ》かその為め酷《ひど》い罰を被《こうむ》ることがあるのではなかろうか」と語ります。これもまた、きわめて先見性のある指摘です。

ジャーナリズムに関しては、永井荷風が、「時局迎合の記事論説読むに堪えず」と書き、気骨のジャーナリスト宮武外骨《みやたけがいこつ》は、「予は危険人物なり　威武に屈せず、富貴に淫せず」と書き、桐生悠々《きりゅうゆうゆう》は「蟋蟀《こおろぎ》は　鳴き続けたり　嵐の夜」と、当時のメディア統制を厳しく批判します。

医療の問題に関しては、北里柴三郎が、古人の「医は仁の術」について語り、高木兼寛は、「病気を診《み》ずして病人を診よ」と語り、日本最初の女医荻野吟子は、「人その友のために己の命を損《す》つるは　是より大なる愛はなし」という聖句を自らの信条としています。

また、作家や芸術家たちの遺した珠玉の言葉と、その響き合うメッセージにも深い感銘を呼ぶものが少なくありません。「生命ある限り私は書かねばならない」と最後の最後まで病床で書き続けた大佛次郎と、宿痾《しゅくあ》の眼疾と闘いながらペンを離さなかった北原白秋の執念の言葉にも感動します。

「絵画のエスプリを読め」と語った藤島武二と「自然の外側の美しさだけを真似して描いたって駄目」と語った小倉遊亀の言葉は、ともに深く心に届くところがあり、また横山大観の、「己が貧しければ、そこに描かれた富士も貧しい」という言葉と、「下品な人は下品な絵をかきなさい、ばかな人はばかな絵をかきなさい。下手な人は下手な絵をかきなさい」という熊谷守一の言葉の対比にもなかなか興味深いものがあります。

「僕の前に道はない。僕の後ろに道はできる」という高村光太郎の言葉はよく知られていますが、「オレの人生には道がない。眼の前にはいつも、なんにもない」と語る岡本太郎の言葉に出会ったときは、それぞれの芸術と人生を振り返り、感慨深いものがありました。

「芸術のことは自分に従う」（小津安二郎）、「作家は歴史の被告人だ」（黒澤明）、「ものをつくるというのはどういう事なのか」（小林正樹）、「いつまでも、敵の鉄砲玉の飛んでくる最前線にいたい」（大島渚）――いずれも映像制作の最前線にいた監督たちの言葉で、それぞれに含蓄に富み、深く響き合っているように思えます。今はいずれも同じ鎌倉の地に眠っていますが、その墓碑をたどりながら、深い感懐を覚えました。

「のろのろと」、しかし「大地をふみしめて」自分の道を歩く牛を詠った高村光太郎と、「馬になるより、牛になれ」と書いた夏目漱石の言葉は深い共感を誘い、それが種田山頭火や山本周五郎の言葉への連想を誘いました。

生きるということ、あるいは人生というものについての深い示唆的な言葉にも数多く出会いました。

小倉遊亀は「生きてるっていうことは、きのうの自分に何か一つ新しく加わったもんでなくちゃならない」と語り、亀井勝一郎は、「精神的老衰をおそれよ」と語ります。加藤道夫と夏目漱石は、ともに、過去と未来のために、現在を犠牲にすること勿《なか》れ、前後を切断せよと書いています。

また、「薔薇《ばら》ノ木ニ　薔薇ノ花サク　ナニゴトノ不思議ナケレド」と詠った北原白秋と、「人びとは多くのことを見なれるにつけ　ただそれが見なれたことであるというばかりに　そのままに見すごしてしまうのである」という中勘助の言葉も、ともに、せわしなく生きる私たち現代人に語りかけているようで、深く心に残りました。

開高健は「思想は本屋にいけば即座に手に入るが、皺《しわ》を手に入れるのはつらい時間がかかるものだよ」と呼びかけましたが、私はこの言葉から即座に、あの大宅壮一の名言「男の顔は履歴書である」を思い出しました。また、開高健は「後姿《うしろすがた》にこそ顔がある」という含蓄のある言葉も残しています。そしてまた、先の、〝思想と皺〟について語った開高の言葉からは、かつて話題を呼んだ、あの寺山修司の「書を捨てよ、町へ出よう」の想起へと誘われました。響き合う言葉が、さらなる連想を誘うのです。

そして、「人生最高の理想的生活は寂莫たる放浪漂泊の生涯である」と語る永井荷風と、「漂泊の情というものは、人間の本質に深く根ざしたものである」と語る石坂洋次郎のサロンには、『放浪記』の林芙美子や山頭火が参加します。

最後に、人生の短さについて語られた二つのフレーズを引いておきます。

人生は何事もなさぬにはあまりにも長く、
何かを生み出すにはあまりにも短い。
（中島敦）

人生は有限であるがゆえに高貴である。
（舩山信一）

まだまだ尽くせませんが、もはや紙幅がありません。詳しくは本文に譲ります。

時代を超えて、ジャンルを超えて言葉が響き合う。そんな言葉の連鎖や連関を訊《たず》ね、その組み合わせを作るには、それなりの取材や資料や文献の渉猟が必要でしたが、素晴らしい言葉や人生との出会いと発見が、極上の時間をもたらしてくれました。

こうした組み合わせによって、個々の言葉が共鳴し合い、刺激し合い、より強力なメッセージ性を秘める〝発光体〟として、読む者に迫ってくるように思われました。

そういう意味で、本書は、従来書かれてきた名言集や語録とは一線を画した、まったく新しい切り口による「言葉の記録」「時代の記録」といえるでしょう。

墓碑に眠る人々が遺した言葉や、あるいは墓碑そのものに刻された言葉は、その人物の生きた姿やその時代を映すものであると同時に、それを読む人々、とくにこの混沌とした不透明な時代に生きる私たちに、時代を読む眼と、日々を生きるための豊かな示唆と、温かい励ましを与えてくれるものと考えます。また、新しい切り口による、異色の日本近現代史としても読むことができるようにも思うのです。

目次

第五章　文明の光と影

第六章　時代を斬り、世相を切る

第七章　学道と医道

第十二章　人生というもの

第一章　政治とは何か、国家とは何か

人民は源《みなもと》なり、政府は流《ながれ》なり

政府は元来人民の為に設くる所なり、人民無き時は政府あるの理無し、人民は本なり政府は末なり、人民は源《みなもと》なり政府は流《ながれ》なり、人民は表《しるし》なり政府は影なり。

——中江兆民

権力は貪婪《どんらん》なものだ。必要があればもとより、たとえ必要がなくとも、手に入れることができると思えば容赦なく手に入れる。権力とはどんなに肥え太っても、決して飽きるということはない。

——山本周五郎

政治とか権力に対して語られた、今や古典的な言葉が、あらためて新鮮なメッセージとして響いてくるのはどうしてでしょう。

それは、現代の政治が、本当の国民の声に応え得ているのかという疑問に対する苛立ちともいえることの表れではないでしょうか。

中江兆民の言葉は、一八八八（明治二十一）年の『国会論』で語られているものですが、自由民権運動の先導者としての気負いが感じられ、強く心に響くものがあります。

ルソーの『民約訳解』などで人民主権説を紹介し、「東洋のルソー」といわれた兆民は、一八四七（弘化四）年、土佐（高知）藩の足軽の子として生まれます。年少より学問に親しみ、一八六七（慶応三）年には江戸に出てフランス語を学び、一八七一（明治四）年にはあの岩倉遣外使節団が欧米各国に派遣されますが、兆民は大久保利通に直訴して参加を認められ、司法省派遣留学生としてフランス留学の大望を果たしました。

フランスでは西園寺公望らと交流しながら、ルソーの著作に親しみました。哲学や文学など幅広い学問を学び、一八七四（明治七）年帰国。東京に仏学塾を開業し一八八二（明治十五）年には仏学塾からルソーの『社会契約論』の翻訳『民約訳解』を刊行しますが、これは当時の青年たちに大きな影響を与え、「東洋のルソー」として、兆民の声価は高まるばかりでした。

冒頭に掲げた言葉は、民権論に共鳴した当時の人々に広く受け入れられました。「人民は本なり政府は末なり、人民は源なり政府は流なり」という言葉は素朴に聞こえますが、しかし、今この時代の政治の状況を顧《かえり》みるとき、とても新鮮に聞こえます。民心から離れた政治、民心に耳を傾けない政治、そんな思いに駆られるとき、私たちはもう一度この兆民の語るところに耳を澄ましてみることも必要ではないかと思います。

それはまた、現代の政治家たちがその初心を真摯《しんし》に省《かえり》み、謙虚に耳を傾けるべき言葉でもあります。

青山霊園にある兆民の墓は墓碑の並ぶ通路に隣接し、道との段差もなく囲いもないのが印象的でした。あくまでも民衆と同じ地続きの平場に居たい、という兆民の意思を感じさせるように思われたのでした。

山本周五郎の言葉は、兆民と同様、政府、あるいは権力の本質に迫る鋭い指摘となっています。近代の黎明《れいめい》期の思想家と当代の人気作家の言葉に、深く響き合うところがあるように思えます。

これは代表作『樅《もみ》ノ木は残った』の中で語られたものですが、あくまでも弱者に寄り添いつつ生きた周五郎の言葉として、インパクトを感じさせます。

物語の舞台は近世ですが、この言葉は今、この時代に通じる深いメッセージとなっています。

周五郎は一九〇三（明治三十六）年、山梨県北都留郡初狩村（現・大月市初狩町）に生まれ、小学校を卒業後、東京木挽町（現・中央区南部）にあった質店の山本周五郎商店に徒弟として住み込みます。仕事のかたわら独学で創作の勉強を続け、新聞や雑誌に投稿をしています。

一九二六（大正十五）年「文藝春秋」に『須磨寺附近』が掲載され、これが文壇出世作となります。一九四三（昭和十八）年、第十七回直木賞に『日本婦道記』が選ばれますが、これを辞退しています。その理由の一つに、直木賞を創設した菊池寛との確執があったともいわれています。一九五九（昭和三十四）年、『樅ノ木は残った』が毎日出版文化賞に、一九六一（昭和三十六）年、『青べか物語』が文藝春秋読者賞にそれぞれ選ばれますが、いずれも辞退しています。

周五郎がこうした文学賞をすべて辞退したのは、その根底にある、「文学は賞のためにあるのではない」という信念に基づくもので、いかにも周五郎らしい潔さというか、硬骨の人、周五郎を如実に物語る出来事といえます。

周五郎は一貫して日の当たらぬ庶民の側に立ち、市井に生きる名もなき人々を描き続け、そして既成の権威や権力に対峙する姿勢を堅持しました。

そして、小説の中で、あるいは対談やエッセイの中で多くの名言を残しています。その言葉は周五郎自身の創作活動や処世の中から紡ぎ出されたものであり、私たちに人生の叡智ともいうべき多くの示唆を与えるものとして実に味わい深く、心に響くものといえます。冒頭の言葉と重なり合う、その一つ二つを付記しておきます。

私が書く場合に一番考えることは、政治にかまって貰《もら》えない、道徳、法律にもかまって貰えない最も数の多い人達が、自分達の力で生きて行かなければならぬ、幸福を見出さなければならない、ということなのです。

（「お便り有難う」）

勤倹というような言葉、これは最大多数の衆智から出た言葉ではなくって、支配階級からふり下された言葉だと私は解釈しています。

（「金銭について」）

これらの言葉は、冒頭の権力の本質にふれた言葉と見事に響き合っているように思います。そこに、周五郎が今でも広く愛され、読み継がれている秘密があるように思います。

鎌倉霊園の周五郎の墓はあの大作家にしては意外に狭く、その正面に置かれたほぼ三角形の自然石の墓碑に、「山本周五郎墓」と刻されていました。

その自然石の無骨で素朴な佇《たたず》まいは、いかにも社会の弱者、底辺で生きる人々に寄り添い続けた周五郎に相応《ふさわ》しいものであると思えました。

いったい、この国は何なんだ

政治とはいったい何なのか、そんな腹立たしい疑問が生じるのは、日本の中に、世界の中に、辛《つら》いことが多すぎるからだ。

——佐多稲子

いったい、この国は何なんだ。俺が生まれて育ったこの国のことだ。君が生まれて育ったこの国のことだよ。

——忌野清志郎

第二次世界大戦後、国連を中心に平和な国際社会が築かれるという夢を多くの人々が抱き、希求しました。しかし、その後、冷戦時代に突入し、冷戦終結後も国家間の紛争や緊張は解消されていません。

その過程で強力な経済大国として成長してきたこの日本という国ですが、その国民ははたして幸福なのかという問いにも戸惑いを隠し得ません。

はじめの佐多稲子の言葉は一九六五（昭和四十）年の『ゆうつな春』に書かれたものですが、それから半世紀余りを経た今も、色褪《あ》せない言葉として響きます。

佐多稲子は一九〇四（明治三十七）年長崎県生まれで、一九二八（昭和三）年、自身が働いたキャラメル工場での経験をもとに『キャラメル工場から』を発表。左翼運動に身を投じ、共産党に入党しますが、のち除名となります。ほかに『女の宿』『樹影』『時に佇《た》つ』『月の宴』などの作品があります。

戦後は「婦人民主クラブ」の委員長を長年つとめるなど、女性運動の一翼も担いました。一九九八（平成十）年、九十四歳という長寿を全うしました。文字どおり二十世紀を生き抜いた人生でした。

先の言葉の中の「腹立たしい疑問」という表現は強烈です。つらい日々を送る国民のために政治は何をしてきたのか。何をしようとしているのか、そんな疑問にとらわれることは現代でも少なくありません。佐多のこの言葉が共感を呼ぶ所以《ゆえん》です。

佐多はまたこんな言葉も残しています。

人間蒸発という表現がされる。人間がすでに液体か固体に見られている非情さだ。

（『表現の中の感覚』）

そういえば「蒸発」という言葉が社会現象として語られていた時代がありました。今それは「失踪」という言葉で語られます。

言葉は言い換えられても、その現象の持つ深い闇に変わりはありません。自殺者の数も、少なくありません。

そんなとき、先の「腹立たしい疑問」があらためて立ち現れてきます。

先に来日した「世界で最も貧しい大統領」といわれた、ウルグアイのホセ・ムヒカの言葉が耳に残ります。

「壁を作ることで国民は政治から離れていきます。もっとも良くないことは、国民から政治が嫌われること。そうなると政治は失敗に終わります」（『ホセ・ムヒカの言葉』双葉社）

国民との間に壁のない政治、国民に寄り添う政治、そんな政治の理想からあまりにもかけ離れた政治の現実に向き合うとき、佐多の言葉が深く胸に届きます。

佐多の墓は、東京都八王子市の富士見台霊園にありました。自然石風の墓石の正面に、大きく「佐多稲子」という自筆の文字が刻され、その前の開かれた石造りの本に生年と没年が刻されていました。自身がかねてから尊敬していたモーパッサンの墓を模して造られたというその墓に対面したとき、その静謐《せいひつ》な佇まいの中に、佐多の強烈な言葉が甦《よみがえ》ってきました。なお、同じこの霊園には、社会派推理作家として社会の暗部や巨悪を描き、弱者に寄り添った松本清張の墓もありました。

過日、かねてからの念願であった東京都八王子市の高尾霊園にある忌野清志郎と寺山修司の墓を訪ねました。寺山の墓は、丈の高い黒御影の墓碑正面に大きく「寺山修司」という自筆の文字が刻され、ようやく会えたという感銘に浸りました。そこから比較的近くにある忌野の墓は、さすが独自の作品と個性で知られたミュージシャンらしく、独特の雰囲気を漂わせるものでした。洋型の独特の形状の黒御影の墓碑正面に、大きく「忌野清志郎」という自筆の文字が刻され、その周辺には自作のキャラクターのフィギュアが絶妙に配置され、墓域を彩っていました。今も訪れるファンが絶えないようで、墓碑の前には花があふれていました。

帰宅してから忌野の本や資料を読んでいるとき出会ったのが、忌野が遺した多彩な言葉です。冒頭のフレーズを含む一節を引いておきます。

予算はどーなってるんだ。予算をどう使うかっていうのはいったい誰が決めてるんだ。10万円のために人を殺す奴もいれば、10兆円とか100兆円を動かしている奴もいるんだ。いったい、この国は何なんだ。俺が生まれて育ったこの国のことだ。君が生まれて育ったこの国のことだよ。どーだろう。（『瀕死の双六問屋』）

忌野清志郎は一九五一（昭和二十六）年、東京都生まれ。日本を代表するロックミュージシャンとして知られ、派手な衣装にメーキャップ、破天荒なパフォーマンスが強烈な印象を残しています。二〇〇九（平成二十一）年、五十八歳でその生涯を閉じました。働き盛りで、早世ともいえるその死は、多くのファンに惜しまれました。

忌野はミュージシャンとしての活動と同時に、その醒めた目で時代や人間の生きざまを見つめ、個性あふれる強烈なコメントをいくつも遺しています。

その一部を見てみましょう。

いいかい、気をつけろよ。だまされんなよ。腐った奴らが増えているんだ。
自分を見失わないで欲しいんだ。

あの、いばってる奴らは早く居なくなって欲しいよ。何もわかってないくせに偉そうにしてるなんて、そんなみっともないことはない。

世の中は変わってないどころか悪くなってるんだ。どんどん、くだらなくなっていってる。音楽もＴＶも低能になっていってる。殺人も犯罪も短絡的になってる。

戦争はやめよう。平和に生きよう。そしてみんな平等に暮らそう。

きっと幸せになれるよ。

（以上、前掲書）

忌野の言葉は、音楽業界や評論家たちにも向けられています。政治やマスコミに対する批判も強烈です。

ただ、こう見てくると、忌野がいかに時代や社会に鋭い眼を向け、愛と平和ということに強いこだわりを持っていたかが納得できます。そうすると、冒頭の言葉は、どこか佐多稲子の言葉と響き合っているように思えたのでした。

もちろん、人によって受け取り方は多様であっていいでしょう。

しかし忌野の、愛と平和を訴え続けたその生涯を考えるとき、そして今この時代、私たちが目にする政治の現状、官僚の劣化、そしてパワハラ、ブラック企業、データ改竄《かいざん》など深い闇を抱えた企業のあり方に思いをいたすとき、先の言葉の喚起する強烈なメッセージを感じ取らずにはいられないように思います。

行政府と立法府、どうなってるんだ

今の世は政党なきなり。政党の名なきにあらず政党の実なきなり。——陸羯南《くがかつなん》

従来は主客転倒。行政府が国の政治の主体で、立法府は極めて柔弱微力なる補助機関のごとく扱われ（てきたが）、（中略）今日この憲法が制定せらるる以上は、立法府が主体で行政府がその補助機関とならなければならぬ。——尾崎行雄

はじめの陸羯南の言葉は、「政社ありて政党なし」（一八九〇年）で語られたものですから、もう一世紀以上も前のことです。しかし、その言葉の響きは、政党とは何かという問題に迫るとき、依然色褪せていないように見えます。

国民という存在を軽視して党利党略に走る政治家に対する戒めの言葉とも取れます。

陸羯南は明治のジャーナリスト、評論家として健筆をふるいました。青森県弘前出身で、上京して司法省法学校に入りますが、一八七六（明治九）年、原敬らとともに退学。一時官界に入りましたが、のち新聞界に転じ、一八八八（明治二十一）年、谷干城らの援助を受けて「東京電報」を創刊、翌年改題して「日本」を創刊します。羯南は、政府の欧化政策などを批判し、

国民主義を唱え，国民的統一と国家の独立を強調し，健筆をふるいました。また藩閥政治の痛烈な批判者で、しばしば政府により発行停止処分を受けます。その政府の言論統制に抗して新聞発行停止の全廃を主張し，新聞紙条例改正に貢献しました。

陸羯南の人となりについて、近世学芸史研究家の森銑三は羯南の古い友人である加藤恒忠の次のような言葉を紹介しています。

世には陸の人となりを誤解して、極めて頑固な男か、または仙人のように思うている人があるようだが、決してそうではない。極めて聡明な稟性《ひんせい》で、常識に富み、どちらかといえば通人の方だ。但しあくまで意志が強く、自分の所信は、いかなる場合、いかなる人に向っても、一歩も曲げない。いかな逆境に逢うても、自分の本心がしたくないことはしない。いわゆる威武も屈する能《あた》わず、富貴も移すことの出来ぬ男だ。

（『新編　明治人物夜話』）

いかなる状況にあっても、自らの信念を貫き通した羯南の人物像を物語る言葉です。

その羯南は、冒頭の言葉のほかに、

政事家の徳義と慎重とに頼るに非ざれば一国の隆盛を計り国民の幸福を進むることを決して期すべからざるなり。

（「政事家の資格」、『明治文学全集』37所収）

という言葉も残しています。

「徳義と慎重」という言葉は、「献身と誠実」と言い換えることもできるかもしれません。いささか古いイメージではありますが、いま政治に求められている最低限度のモラルともいえるように思います。また、羯南は、

民の声は必ずしも音あるにあらず、音あるものまた必ずしも民の声にあらず。

（「無音の声」、『明治文学全集』37所収）

という言葉も残していますが、この言葉は亀井勝一郎の、

沈黙の理解があるように、沈黙の怒りや反抗もある。だまっている人を畏《おそ》れなければならない。

（『黄金の言葉』）

という言葉と深く重なるように思います。

羯南の言葉と亀井の言葉の響き合いに、あらためて感銘を受けました。

「政治は世論に従うべき」「声なき声に耳を傾ける」というのが、羯南の信条でした。

また、正岡子規を隣に住まわせて支援し、紙面を提供し、生活の面倒も見たといわれています。


尾崎行雄の言葉は、太平洋戦争後、日本国憲法が衆議院を通過した一九四六（昭和二十一）年に語られたものです。当時八十七歳の尾崎は衆議院本会議で壇上に立ち、憲法案が「国会は国権の最高機関」としている点を評価し、演説した言葉の一部です。

立法府と行政府が高度の緊張関係を維持し、立法府がそのチェック機能を不断に果たしていく、それが三権分立の基本です。尾崎の言葉には、従前の日本政治が実質的に軍部独裁を招き、議会がまったく機能しなかったことへの強い反省と、新しい憲法下の民主主義の実現への大きな期待が込められています。

尾崎は一八五八（安政五）年、相模国津久井郡（現・相模原市）に生まれました。この年は、あの安政の大獄の起こった年で、明治維新の十年前にあたります。

一八七四（明治七）年上京し、慶応義塾に入りますが、独立して生活に役に立つ学問を求めた尾崎は、慶応を中退して、工学寮（のちの工部大学校、東京帝国大学工学部）に入学します。

このころ論文の投稿などを始め、曙新聞に掲載された、当時の薩摩閥を批判する「討薩論」が好評を博し注目されます。

一八八二（明治十五）年、郵便報知新聞の論説委員となり、立憲改進党の結成に参加します。以後ジャーナリストとして活動し、また政治活動に従事します。

一八八七（明治二十）年、保安条例により東京から退去処分を受けますが、この年、「道理が引っ込む時勢を愕《おどろ》く」と語り、号「学堂」を「愕堂」に改め、のちに「咢堂《がくどう》」に変えています。

一八九〇（明治二十三）年、第一回衆議院議員選挙に三重県選挙区から出馬し当選、以後一九五二（昭和二十七）年の総選挙まで二十五回当選し、六十三年に及ぶ議員生活を送ります。この当選回数、議員勤続年数は日本記録となりました。この間、政府や政党の要職をつとめ、一九一二（大正元）年の憲政擁護運動で国民党の犬養毅と運動を指導し、「憲政の神様」と称されました。

こうしてジャーナリストとして、政治家としての尾崎の経歴をたどり、憲政護憲運動に尽力したその生涯に思いをいたすとき、先の言葉に見られる尾崎の熱い思いが強く伝わってきます。

そしていま、私たちを取り巻く政治の現実を見るとき、尾崎の言葉が胸に深く響きます。行政との緊張関係を欠いた国会、相次ぐ国会議員の失態や国民を無視した傲岸《ごうがん》不遜《ふそん》な政治や頻発する行政の不祥事は、国民の政治への不信と失望を増幅させています。

尾崎はまた、同じく一九四六（昭和二十一）年の国会演説で、こんな言葉も遺しています。

よい憲法を作ることはまことに容易なことである。
しかし、これを行うことは非常に難しい。

先の言葉とともに、戦後、日本国憲法が衆議院を通過したとき、八十七歳の老翁が熱く語った言葉を、今こそ噛みしめてみることが意味のあることではないかと思います。そして、たまたま本稿を書いているこの日は、現行憲法の施行から七十五年目を迎える憲法記念日でした。
尾崎の墓は鎌倉円覚寺の塔頭《たっちゅう》の一つである黄梅院の裏手の墓地にありました。崖の下のやぐらの中に、「咢堂大居士　享年九十七歳」と記された碑がありました。碑の前に立つと、あの尾崎の気迫が伝わってくるように思えました。

素にありて贅《ぜい》を知る

着々寸進　洋々万里
素にありて贅を知る
——大平正芳

急ぎすぎて、本の表紙（総裁の首＝注）だけ替えて中身が変っていない、ということではだめだ。
——伊東正義

太平洋戦争敗戦後、新たな国家建設のために多くの政治家が登場しました。政治家としての品性や資質を疑われる者も少なくありませんでした。今この時代にも、政治家のかかわる不祥事や問題が絶えません。

そんな中で、公私ともに清廉で誠実な生き方を貫いた二人の政治家の言葉を取り上げました。

大平正芳は一九一〇（明治四十三）年、香川県三豊郡豊浜町生まれ、八人兄弟で経済的にも豊かではなかったものの、一九三三（昭和八）年、東京商科大学（現・一橋大学）に入学します。

一九三六（昭和十一）年大蔵省に入省。一九五二（昭和二十七）年の総選挙で衆議院議員に初当選。一九六〇（昭和三十五）年には第一次池田内閣の官房長官として初入閣。その後、歴代内閣で外務、通産、大蔵の各相を歴任し、福田政権では党幹事長をつとめました。一九七八（昭和五十三）年、第六十八代内閣総理大臣に就任しますが、一九八〇（昭和五十五）年、総理在職中に急死しました。

大平は読書家として知られ、戦後政界最大の知性派とも評されました。また、その風貌から「讃岐の鈍牛」とも呼ばれましたが、頭脳明晰で言葉にも説得力がありました。薄っぺらな言葉をぺらぺらとしゃべる政治家連とはかなり違いました。冒頭の言葉は、政治家という一般的なイメージからは遠い、人間大平の誠実な一面を物語るもののように思われます。

「着々寸進　洋々万里」は通産大臣時代に揮毫《きごう》したもので、着実に一歩ずつ進んで行けば、洋々たる人生を全うすることができるということです。

また、「素にありて贅を知る」は大平の造語で、質素な生活の中にこそ豊かなものを発見できるという意味でしょう。これは貝原益軒が語った「清福」という言葉を思い出させます。

「清福は富貴の驕楽なる福《さいわい》にはあらず。貧賤にして時にあわずとも其の身安く、静かにして心にうれいなき是なん清福とぞ云うめる、いとまありて閑《ひま》に書を読み、古《いにしえ》の道を楽しむは、是清福のいと大なる楽しみなり」（『楽訓』巻之上）

貧しくて「時にあわず」とも、身心が安らかで、心の憂いがなければ、清福という宝を手にすることができる。それは、一見豊かでもさらなる豊かさを求めて多忙を極めている人にはなかなか得られない楽しみなのです。

清福という言葉はあまり聞き慣れない言葉です。しかし、これは益軒が語った人間の楽しみの中で最も強調したものの一つで、およそ楽しみを好む人は必ずこれを知るべきである、といっています。

豊かさの中に閉塞感が漂い、何となく生きづらいこの時代、大平や益軒の言葉に耳を傾けてみるのも意義あることのように思われます。

また、日本人やその政治のあり方を鋭く批判した次の言葉も、どこか先の大平の言葉と重なるように思われてなりません。

もうける以外に、志す高邁な理想があって、国の品位が生じる。
（大佛次郎『砂の上に』）

常識の日本人はいつも現実の利害に汲々としているばかりで、とても理想的の大きい国民になれようはずがない。
（永井荷風『新帰朝者日記』）

大平の墓は東京・多磨霊園にあります。鎌倉霊園の伊東正義の墓を訪ねたあと、私は再び多磨霊園の大平の墓を訪ねました。その墓碑の裏面には、「君は永遠の今に生き　現職総理として死す　理想を求めて倦《う》まず　斃《たお》れて後已《や》まざりき　伊東正義撰書」という伊東の言葉が刻まれていました。その文字は大きく力強く、歴日を経てなお鮮やかで、短いながら伊東の思いが深く込められているように思われました。

その伊東は大平内閣の官房長官として、あるいは盟友として大平を支えました。大平同様、伊東の生きた姿や遺した言葉からも、現代の政治家たちやこの時代に生きる私たちが学び取るべきものが少なくないように思います。

伊東は、利権や名声に汲々とする政治家たちが蝟集《いしゅう》する当時の政界にあって、稀有《けう》ともいえる清廉で剛直な政治家としてその信念を貫きました。あのリクルート事件で総辞職した竹下内閣の後を受けて、総裁（総理）候補として推されながら、頑としてそれを拒否したことで知られています。

伊東は一九一三（大正二）年、福島県の会津若松で生まれました。旧制浦和高等学校を経て東京帝国大学に入学、一九三六（昭和十一）年、卒業と同時に農林省に入り、官僚としての人生を歩み始めます。

たまたま同じ年に、終生の盟友となる大平正芳も東京商科大学（現・一橋大学）を出て大蔵省に入省しています。

太平洋戦争後、伊東の住居は戦火で消失しましたが、大平の申し出で、大平邸の離れに住むことになりました。二人の友情の篤さを物語るものです。

伊東は順調に昇進を重ね、肥料課長、食糧庁業務第一部長、水産庁長官、そして農林次官という官僚の最高ポストに就任します。肥料課長のとき、化学肥料会社の昭和電工への融資をめぐる汚職事件「昭和電工事件」が起こります。このとき、多くの政治家や官僚が逮捕されるという事態に至りますが、主管部局であったにもかかわらず肥料課長の伊東だけは事件とかかわることはありませんでした。伊東の清廉さを物語るものといえます。

一九六三（昭和三十八）年、伊東は地元の擁立運動を受けて、国政への一歩を踏み出すことになります。

政治家になっても、伊東はその清貧清廉さを失わず、のちに党の要職や大臣を歴任するに至っても、世田谷の自邸は赤茶けたサビだらけのトタン屋根であったといいます。「カネのかからない政治、かけない政治」をモットーとしていた伊東は、金集めのためのパーティー等はいっさい行いませんでした。

一九七九（昭和五十四）年、第二次大平内閣の官房長官として盟友大平を支えることになりますが、わずか半年で大平が死去します。そして大平の死去に伴い、首相臨時代理に就任しますが、盟友を失った伊東の衝撃は計り知れないものでした。大平を支えていくこと、そのことこそ、伊東の政治家としての最大の使命感であったからです。

一九八九（平成元）年、リクルート社と政界官界の一大贈収賄事件として知られるリクルート事件で、竹下内閣が総辞職します。伊東は竹下の後継として総裁（総理）就任を要請されます。世論もこれを支持しました。

リクルート事件と関係のない清廉な政治家伊東への熱い待望論でした。過熱したメディアは、伊東の総裁総理を前提にした党役員、閣僚人事構想を報道しました。伊東の与《あずか》り知らぬところで、先行した構想が進められていたのでした。

伊東はこれに反発し、即座に固辞しました。健康上の理由もありましたが、リクルート事件に深刻に向き合い深く反省することを避け、旧体制を温存しながら、総裁の首だけをすげ替える、そうした伊東の政治理念と真逆の力学が依然として強力に働いていることへの反発は、決して小さいものではありませんでした。

さまざまな説得工作がありましたが、伊東の固辞の姿勢は変わりませんでした。伊東が、総務会長として記者会見で語った、「急ぎすぎて、本の表紙だけ替えて中身が変っていない、ということではだめだ」という言葉は広い共感を呼びました。

頑固とすら思える毅然たる伊東のこの姿勢は、先にあげた、伊東が私淑した尾崎の言葉を思い出させます。

伊東は一九九四（平成六）年、肺炎のためその生涯を閉じました。享年八十歳でした。

葬儀において、元副総理の後藤田正晴は、「あなたは、政治家の中では珍しく、愚直なまでの潔癖漢でもございました。自民党内にはそういうあなたを煙たがる空気もありましたが、この潔癖さこそがいまの政治に最も大切なことだと思います」と語りかけました。

後藤田がこの言葉を語ってからおよそ三十年、いまの政治家たちはこの言葉をどのように聞くのでしょうか。

第二章　官とは何か、民とは何か

官のための官か、民のための官か

官とは何ぞや、本《もと》是れ人民のために設くるものに非《あら》ずや、今や乃《すなわ》ち官吏のために設くるものの如し、謬《あやま》れるの甚しと謂《い》ふ可《べ》し。

——中江兆民

人民は政府の奴隷にはあらざるなり、人民は国の主たるのみ、己のご都合をこそ見斗《たたか》うべけれ、塵程も政府のご都合を考合すべき義務はなきなり。

——植木枝盛

政官に対する信頼が大きく揺らぎ、希望の持てない政治が続くとき、私たちは再び、かの中江兆民の言葉を思い出します。

冒頭の言葉はその『一年有半』に出てくるもので、官と民の関係の原点について語られています。当たり前のことでありながら、なお色褪《あ》せていないのに驚かされます。

一九〇一（明治三十四）年、大阪を訪れた兆民は、前年から感じていた喉の違和感がひどくなり、烈しい痛みや呼吸困難を覚えるようになりました。診察を受け食道がんと判明し、医者は余命一年半と告げました。兆民はそのときのことをこう書いています。

「一年半、若《も》し短といわんとせば、十年も短なり。……もし為すありてかつ楽しむに於いては一年半是れ優に利用するに足らずや」

自身の運命に対するこの兆民の受け止め方は、その強靭な意志を感じさせるとともに、感動的ですらあります。

手術を受けた後、病床で書き上げたのが、『一年有半』でした。兆民の政治・経済・社会、文化に対する鋭い批評を読み取ることのできる遺稿ともいえるものです。先の『国会論』にも通じる言葉ですが、鋭い指摘です。

官は本当に民のためにあるのか、国益より省益や保身と天下りにこだわることはないのか、この令和の時代にもいまだ払拭《ふっしょく》しきれない疑問です。

この『一年有半』に続いて『続一年有半』を書き、いずれも大ベストセラーとなりました。この年（一九〇一年）の十月に『続一年有半』が刊行された後、病状はさらに重篤になり、十二月、ついに帰らぬ人となりました。享年五十四歳でした。

兆民はまた『三酔人経綸問答』という名著も遺していますが、その中でこうも書いています。

今彼《か》の百官有司《ひゃっかんゆうし》の状を観察せよ、はたして自尊の気象有る乎《か》、自重の意態《いたい》有る乎《か》、丈夫《じょうぶ》の操守《そうしゅ》ある乎。

百官有司とは官僚のことで、丈夫の操守とは立派な人間としての節操の持ち主のことです。この書は先の『国会論』とほぼ同じ時期に書かれたものですが、兆民の一貫した強いメッセージが伝わってきます。

現代の官僚諸氏は、この兆民の言葉をどのように受け止めるのでしょうか。

たまたま本稿の構想中に、気になる新聞投書を目にしました。少々長くなりますが、ここにその一部を引用しておきます。

空き家になった山間部の実家の整理をしていたら、中学校の卒業文集が出てきた。最初のページは校長先生。生徒は進学組と就職組が半々だったせいか、内容は、働くことへの心構えになっていた。

「故郷に錦を飾れと言っても決して大臣になれ、代議士になれ、金持ちになれと願っているのではありません。丈夫でよく働く人になってくれと願っているのです。平凡だけど筋金を持った人が、いつの日か過去の故郷の山々を美しくなつかしく眺めることができるのではないでしょうか」

こう結んだ先生の、特に「正直」という言葉にしばしば魅せられた。昨今の政

治家や官僚に聞かせたい贈る言葉である。（朝日新聞二〇一八年五月二十二日朝刊）

愛知県の七十歳の方からの投書ですが、政治の原点は、こうした無名の人々の声に真剣に向き合うところにこそあるはずです。

兆民と同じく土佐（高知）出身の民権運動家に、植木枝盛がいることはよく知られています。本章冒頭の枝盛の言葉は、枝盛の思想のエッセンスであると同時に、先の兆民の言葉とも深く重なります。

植木枝盛は一八五七（安政四）年生まれ。明治維新のおよそ十年前で、兆民よりは十歳ほど若いということになります。一八七三（明治六）年、旧藩主山内氏が東京に開設した海南私塾に学びますが、同校の方針が不満で半年で退学、高知に帰ります。十七歳のとき、征韓論政変で下野し、高知に立志社を設立した板垣退助らの演説を聞いて感銘を受け、政治に志したといわれます。

一八七五（明治八）年、十九歳で再び上京し、明六社や慶応義塾主催の演説会を聞いたり、明六社の人たちと交わり、また福沢諭吉の『学問のすゝめ』や『文明論之概略』から大きな影響を受け、政治活動への意欲を加速させました。一八七七（明治十）年、板垣に従って高知に帰郷して立志社に参加、立志社建白書を起草しました。この間、兆民訳のルソーの『民約論』も学んだといわれています。

このあと枝盛は『民権自由論』『言論自由論』などの著作を相次いで刊行し、「愛国志林」などの主筆として論陣を張り、最も進歩的な「東洋大日本国国憲按」の起草などに携わりました。

枝盛は、「人民は政府の奴隷にはあらざるなり、人民は国の主たるのみ、己のご都合をこそ見斗うべけれ、塵程も政府のご都合を考合すべき義務はなきなり」と書き、政府に依存しない自主自立の人間像の形成を主張します。これが冒頭に掲げた言葉です。

一方で各地の民権運動にかかわり、遊説を続けました。理論家として、実践者として、枝盛は精力的な活動を展開しました。

枝盛が大衆を魅き付けるために採用したのが、「民権数え歌」や「民権田舎歌」でした。その一例を、一部省略しながら引いておきます。

民権数え歌（植木枝盛作詞）

一ツトセー、人の上には人ぞなき、権利にかわりはないからは、コノ人ぢゃもの
二ツトセー、二つとはない我が命、すてしも自由のためならば、コノいとやせぬ

三ツトセー、民権自由の世の中に、まだ目のさめない人がある、コノあわれさよ

（中略）

十ットセー、虎の威をかる狐らは、しっぽの見えるを知らないか、コノ畜生め

（以下略）

その歌詞の明快さとともに、独特の節回しが広く民衆の心を捉えました。

枝盛は持病の胃腸障害や下痢でしばしば悩まされましたが、一八九一（明治二十四）年の暮れ病床につき、翌一八九二（明治二十五）年一月、第二回衆議院議員選挙を前にして病状が悪化し、入院中の病院でそのまま死去します。まだ三十五歳という若さでした。

中江兆民と植木枝盛、この二人は、その思想形成においても実践活動においてもかなり対照的でした。議員時代の枝盛に対しては、厳しい批判もあります。

しかし、日本近代の初頭、民権家として果たした二人の役割は決して小さいものではありません。その思想と実践活動は、私たちに示唆するところが少なくないように思います。

同じ青山霊園に眠る兆民の墓から枝盛の墓を訪ね、桜並木の下の帰途をたどるとき、「この国はこれからどこへ向かうのか」という二人の声が聞こえてくるようでした。

迎合と忖度《そんたく》が国を亡ぼす

上への迎合のためにやる下役人のやりすぎほど、政治の効果をぶちこわすものはない。

——林達夫

人民は弱し　官吏は強し

——星新一

冒頭の林達夫の言葉を目にしてハッとしました。それは、ここ数年、官僚をめぐる不祥事が頻発しているからです。それはしばしば「忖度」という言葉で語られ、そして流行語ともなりました。

そんなとき、八十年も前に書かれた林のこの言葉が、あまりにも今この時代の政治の現実を物語っているように思えたのでした。

林達夫は一八九六（明治二十九）年東京に生まれます。京都帝国大学哲学科（選科）卒業。自由主義思想家として、評論やジャーナリズムの世界で活動を展開しました。長く、岩波書店の「思想」の編集にあたり、時代に対する厳しい批判精神を堅持しました。戦後は平凡社の『世界大百科事典』の編集に責任者として携わりました。代表作に『歴史の暮方』『共産主義的人間』などがあります。

一貫して自由主義的立場を堅持し、時代が急速に国家総動員体制に向けて突き進むなか、それに対する厳しい眼を失うことはありませんでした。

冒頭の言葉は、一九四〇（昭和十五）年、大政翼賛会が創立された年に書かれた「現代社会の表情」にあるものです。ちなみにこの年は、後述する、あの斎藤隆夫による有名な反軍演説が問題化した年でもあります。

林の墓は鎌倉に隣接した藤沢市の大庭台庭園にあります。かつて『鎌倉古寺霊園物語』の取材でしばしば鎌倉を訪れていたころから気になる存在でした。

あらためて林の冒頭の言葉に戻ると、官僚というものの体質が、いまでも依然として変わっていないことに驚かされます。

また、林の発言よりさらに遡りますが、夏目漱石のこんな言葉にも出会いました。

役人は人民の召使である。用事を弁じさせる為に、ある権限を委託した代理人のようなものだ。所が委任された権力を笠に着て毎日事務を処理して居ると、是は自分が所有して居る権力で、人民などは之に就いて何らの嘴《くちばし》を容るる理由がないものだなどと狂ってくる。

これは『吾輩は猫である』の中の一節ですが、役人、あるいは権力というものの本質を見事に言い当てています。

もちろん、現代でも、国民や市民の負託に応えて真面目に職務を果たしている公務員諸氏も少なくありません。ただ、いまだに「忖度」などという古い言葉があらためて脚光を浴びる現実があることに怒りを禁じ得ない人は少なくないだろうと思います。

公務員は「全体の奉仕者」であったはずです。自分たちはどこを向いて仕事をしているのか、政治が劣化する今こそ、彼らにはふだんの自省と自律が求められています。

人民は弱し　官吏は強し

このフレーズはショートショートの名手として知られる作家星新一による、実父星一《ほしはじめ》の小説風の伝記のタイトルに使われたものです。

明治大正期に製薬会社を経営し、官僚の圧力と闘った父の姿を愛情深く描いています。

明治の末、アメリカ留学から帰った星一は製薬会社を興しました。アメリカ流の経営手法や事業哲学に基づき、チャレンジャーとして事業の展開を図り、日本で初めてモルヒネの精製に成功するなど事業は飛躍的に発展しました。

しかし星の自由なものの考え方は、保守的な官僚たちの反感を買いました。星の理解者であった後藤新平と当時の首相加藤高明との確執という背景もあり、陰湿な政争に巻き込まれ、当局の執拗極まる妨害を受け、会社は次第に窮地に追い込まれていきます。星はこの陰湿な官僚システムと最後まで闘い続けました。それを鮮明に描いたのがこの本です。

星新一は一九二六（大正十五）年、東京の本郷に生まれます。先述したように、父は星製薬の創業者で星薬科大学の創立者・星一です。新一の本名は親一ですが、これは父親の事業のモットーであった「親切第一」から採ったものです。

東京高等師範学校付属中学校から東京高等学校を経て東京大学農学部農芸化学科に入学、一九四八（昭和二十三）年に卒業します。その後大学院に進みますが、一九五一（昭和二十六）年、父が急死し、長男であった星は急遽《きゅうきょ》父の会社を継ぐことになります。当時の星製薬は経営が悪化しており、深刻な事態に陥っていました。そのころのことを、星は自身による年譜でこう書いています。

「一月一九日に父がロスアンゼルスで客死。その経営する製薬業を引きついだが、不良債務の山、多額の税金未納、社員の老齢化、設備の老朽、経営不振で、会社を他人にまかせるまで、悪夢のような数年間をすごす。新聞を読むひまもなく、朝鮮半島での戦乱さえ印象に残っていない（この前年に朝鮮戦争が起こり、戦火は拡大していった＝注）」（別冊新評「星新一の世界」）

この間、筆舌に尽くしがたい苦労がありました。会社倒産の経緯は、『人民は弱し 官吏は強し』にも書かれています。あのショートショートの名手星新一に、このような試練の時代があったとは驚きでした。

会社を手放した後、一九五七（昭和三十二）年SF同人誌「宇宙塵」に書いた作品『セキストラ』を江戸川乱歩が推奨し、雑誌「宝石」に転載され、作家としてデビューしました。その後多くの作品を発表しますが、一九六七（昭和四十二）年には初のノンフィクション『人民は弱し 官吏は強し』を書き、多くの書評で取り上げられました。その翌年には日本推理作家協会賞を受賞しています。

この作品の新潮文庫の解説を書いた評論家の鶴見俊輔は、「星新一は、実業界で親の仇をとることはできなかった。政治の世界には出て行かなかった。文学の領域に入って、そこで親の仇をとったということができる」と書いています。

『人民は弱し 官吏は強し』を読むと、単なるショートショートの流行作家という星新一のイメージが一変します。権力や官僚に対する確固たる批判精神の持ち主だったことが納得できます。

そして星の言葉と先の林達夫や漱石の言葉が不思議に響き合うことにも驚かされます。

政治は玩具《おもちゃ》ではない

わたしたちはもう東京からの言葉で指図をされるのはことわる。わたしたちの言葉でものを考え、仕事をし、生きていきたい。

――井上ひさし

政治は玩物《おもちゃ》では無い、人民は軽々しく動かすべきものではない、風《ふう》を移し俗を更《か》うる事は余程慎まねばならぬ。

――徳富蘆花

言葉というもの、それは人間生活やコミュニケーションの手段と考えられていますが、実は人間や社会や政治について考えるとき、もっと深くて重いものといえます。

ここでは、まず井上ひさしの代表作『吉里吉里人』の吉里吉里語について語られたことをもとに話を進めていきます。

井上ひさしは一九三四（昭和九）年、山形県東置賜郡小松町（現・川西町）に生まれます。仙台第一高等学校を経て、上智大学外国語学部フランス語学科に入学します。在学中から浅草のストリップ劇場フランス座で台本を書き始めます。

大学卒業後は放送作家として活動し、ＮＨＫ総合テレビの連続人形劇『ひょっこりひょうたん島』の台本を山元護久と共作し、これが国民的人気番組となります。

その後、数々の戯曲や小説で話題作や実験作を書いていますが、一九八一（昭和五十六）年に発表した長編小説『吉里吉里人』は大きな話題を呼び、数々の賞を獲得しました。

『吉里吉里人』は、日本国からの独立を宣言した東北の寒村、吉里吉里村の騒動を描いた長編小説ですが、吉里吉里語の魅力も含め大きな反響を呼び、同年、日本SF大賞と読売文学賞を受賞しました。

井上はこの作品の意図についてこう語っています。

この小説の主題は大きくみますと二つありまして、まず何でも東京、何でも中央という今の日本の明治以来の国の作り方、国づくりの方法を、この辺でちょっと考えてみたらどうかというのが第一の主題です。ひとりひとりが生きている場所、そこが世界、宇宙の中心で、そうならないうちは本当の民主主義というのは根付かないのではないか、ということを小説のなかで考えてみようと。

（「作家自作を語る」新潮社ウェブサイト）

井上の、東京一極集中という、この国の国づくりへの鋭い批判を読み取ることができます。

そして重要な問題は言葉です。冒頭の言葉とそれに続く部分を引いておきます。

わたしたちはもう東京からの言葉で指図をされるのはことわる。わたしたちの言葉でものを考え、仕事をし、生きていきたい。わたしたちがこの地で百姓として生きるかぎり、吉里吉里語はわたしたちの皮膚であり、肉であり、血であり、骨であり、つまりわたしたち自身なのだ。

（『吉里吉里人』）

この言葉は実に力強くて重いですね。吉里吉里国の独立と併せて、いわば言葉の独立宣言ともいえます。

先ごろ寺山修司の作品に目を通していたとき、次のような言葉に出会い、ハッとしました。

今日では、標準語は政治経済を語ることばになってしまった。——人生を語るのには、もう方言しか残っていない。

（『誰か故郷を想わざる』）

寺山は井上と同世代。二人の多才な作家の言葉に深く響き合うところがあるように思われ、感銘を受けました。

井上の墓は鎌倉の浄光明寺にあります。寺から少し離れたこの墓地は観光客の姿もほとんどなく、静謐な雰囲気を漂わせていました。また、この墓地にはあの独自の存在感で知られた俳優の殿山泰司も眠っていました。殿山さん、ここにいたのですか、と思わず声をかけたくなりました。

同じ墓地に眠るこの作家と個性派俳優は、この国の現実をどのように見ているのでしょうか。

庶民や地域、そしてそこに育まれた文化や言語、それらを尊重することこそ、政治に求められているのではないか、それが『吉里吉里人』のテーマでした。これに共鳴するような言葉の一つが、徳富蘆花の冒頭の言葉です。

蘆花はさまざまな場で、こうした中央偏重、そして中央政府が強行する開化主義や地域軽視に批判的な言葉を発信しています。

徳富蘆花は一八六八（明治元）年、熊本県に生まれます。そして、幕末の思想家・政治家の横井小楠門下であった父の薫陶下で育ち、同志社英学校に学びます。

一八八九（明治二十二）年に上京して兄蘇峰の民友社に入社し、翻訳などに従事します。一九〇〇（明治三十三）年刊行の長編小説『不如帰《ほととぎす》』がベストセラーとなり、その後刊行した『自然と人生』『思出の記』も広い支持を受け、人気作家となりました。

一方、国家主義的傾向を強める兄とは次第に不仲となり、さらに小説『黒潮』で政界を批判して兄と訣別します。

冒頭に引いた言葉は、この『黒潮』の一節で、当時の極端な欧化主義、近代化至上主義を批判したものです。政治が為政者の思いのままに操られる玩具になってしまってはいけない、あくまでもそこに生きる人民やその文化や伝統を大切にしなければならないと強調しています。

冒頭の言葉を含む一節を引いておきます。

政治は玩物《おもちゃ》では無い、人民は軽々しく動かすべきものではない、風《ふう》を移し俗を更《か》うる事は余程慎まねばならぬ。諸君のような軽躁な事で、国家百年の長計が立つなら、手品軽業師は大政治家で、植木屋は大政治家である。

「風を移し俗を更うる事は余程慎まねばならぬ」の「風」とは、ある地域や土地に見られる生活様式や習わしのことであり、「俗」とはそれぞれの地域の風習を意味します。つまり、中央主導の画一主義ではなく、それぞれの地域の文化や風習や言語を大切にするということになり、吉里吉里国の独立の趣旨に重なっています。

そして、何もかも政府ばかり先に立ってそれで国家が治まると思うのは大違いであると、次のように続けています。

頭にばかり血が寄れば手足は冷える。頭が無暗《むやみ》に大きくなれば体は倒れる。
政府は人民と釣り合って行かねばならぬ。諸君は人民を馬鹿にして居るが、
人民は諸君が思うほど馬鹿ではない。

国家や権力、あるいは中央ばかりが肥大して強くなれば、民衆や地域が疲弊し、国民生活が軽視されていくことを批判した言葉です。これもまた、先の言葉と深く重なるところがあります。

いまこの時代、地域振興、地方創生などの論議は賑やかですが、その現実は貧しく、そこに生きてきた人々は必ずしも幸福とはいえません。

そのうち、九州や北海道に、新たな吉里吉里国が生まれることになるかも……。

第三章　戦争というもの

君死にたまうことなかれ

あゝをとうとよ、君を泣く
君死にたまふことなかれ
——与謝野晶子

名誉の戦死など、しなさんな。

生きてもどってくるのよ。

——壺井栄

「君死にたまふことなかれ」——あまりにも有名な与謝野晶子の歌です。

晶子の眠る多磨霊園に広がる数多の墓石群は、時代や社会や世相を色濃く刻むものであり、日本の近現代史を映す鏡という側面もあります。その中で際立つものの一つが戦争の影です。

通常「戦没者」と呼ばれる人たちの墓碑がそれを映しているわけですが、ここでは、まずその一つを取り上げます。

その最も古いものの一つと考えられるのが、日露戦争の従軍者たちの墓です。

「但馬家の墓」と記された墓碑には、

但馬惟孝　鹿児島県士族
明治三十七年日露戦役
十一月三十日旅順港口封鎖中敵の水雷に触れ戦死

とありました。

但馬は薩摩藩士但馬惟勤を父とする士族の出身。日清戦争にも従軍した経歴を持つ軍人で、日露戦争には巡洋艦「済遠《さいえん》」の艦長として従軍していました。

旅順港口封鎖というのは、日露戦争で日本軍が敢行したロシアの海軍基地旅順港の閉塞作戦です。これは旅順港口に船を自沈させてロシア艦隊を閉塞させせようとする作戦で、多くの戦死者を出しています。

百年以上も前の、あの戦争の記憶が、この霊園にはあったのでした。

この作戦には、あの日本を代表する歌人与謝野晶子の弟も参加していました。その晶子の墓もまた、この霊園にありました。晶子がその弟を想って詠った歌が、先の「君死にたまふことなかれ」です。その歌には、「旅順口包囲軍の中に在る弟を嘆きて」という言葉が添えられています。

あゝをとうとよ、君を泣く
君死にたまふことなかれ、
末に生れし君なれば
親のなさけはまさりしも、
親は刃《やいば》をにぎらせて
人を殺せとおしへしや、
人を殺して死ねよとて
二十四までをそだてしや。（以下略）

晶子の墓が、実は奇《く》しくも先の旅順港閉塞作戦の戦没者、従軍者の墓のすぐ近くにあったのです。

そのことを知った私は、その偶然に驚きました。

与謝野晶子（本名、しょう）は一八七八（明治十一）年大阪府生まれ。明星派の代表的な歌人として活躍し、人間の内面や情念を率直に表現する奔放で情熱的な歌風は多くの支持を集め、影響を残しました。『みだれ髪』『小扇』『舞姫』などの歌集があり、また『源氏物語』の口語訳も有名です。

一九三五（昭和十）年に夫の鉄幹が亡くなったあと、晶子は母として生活苦とも戦いながら、五男六女という十一人の子供を育てつつ、多くの作品を残しました。

自由な感情表現を主張した晶子の文学は画期的なものでしたが、同時に女性の社会的地位の向上を目指す社会評論家としての活動にも注目すべきものがあります。

その晶子は、一九四〇（昭和十五）年自宅の風呂場で脳溢血で倒れ、その後二年間半身不随の生活を送りました。奔放で情熱的、精力的なスター歌人のイメージを持たれている晶子ですが、彼女にもこうした苦悩と不遇の老後があったのです。そして一九四二（昭和十七）年、その波乱の生涯を閉じました。享年六十五歳でした。

鉄幹亡きあと七年、晶子はようやくその生を終え、この多磨の地にともに眠ることになりました。

二人の墓碑が並び立つこつの墓所には、いまも訪れる人が絶えません。


名誉の戦死など、しなさんな。

生きてもどってくるのよ。


これは、壺井栄の有名な『二十四の瞳』の中で、出征するかつての教え子たちへの大石先生のはなむけの言葉です。

「一億総力戦」が叫ばれ、「国家、天皇のための名誉の戦死」が当たり前と語られていた時代に、大石先生の言葉は強固な意志を秘めた温かい言葉です。

『二十四の瞳』は一九五二（昭和二十七）年に発表された小説です。瀬戸内海のある海辺の分教場に勤める女教師大石久子と十二人の教え子たちとの、昭和初年から終戦後に至る熱い交流を、時代の激流を背景に描いたものです。

その中から、二つの場面を抜き出してみます。

まず、ある日の生徒たちとの会話から。


うかつにもののいえない窮屈さを感じ、あとはだまって男の子の顔を見つめていた。

正が、なにか感じたらしく、

「先生、軍人すかんの？」ときいた。

「うん、漁師や米屋のほうがすき」

「へえーん。どうして？」

「死ぬの、おしいもん」

「よわむしじゃなあ」

「そう、よわむし」

そのときのことを思いだすと、今もむしゃくしゃしてきた。

これだけの話をとりかわしたことで、もう教頭に注意されたのである。


暗い時代の空気が伝わってきます。

もう一つは、冒頭のフレーズの含まれる、教え子の軍隊への入隊を前にしたときの大石先生と生徒の会話です。


「からだを、大事にしてね」

そして、いちだんと声をひそめ、

「名誉の戦死など、しなさんな。生きてもどってくるのよ」

すると、聞いたものはまるで写真の昔にもどったような素直さになり、磯吉などひそかに涙ぐんでいた。竹一はそっと横を向いて頭をさげた。吉次はだまってうつむいた。正はかげのある笑顔をみせてうなずいた。仁太がひとり声に出して、

「先生だいじょうぶ、勝ってもどってくる」

それとて、仁太としてはひそめた声で「もどってくる」というのをあたりをはばかるようにいった。もどるなどということは、もう考えてはならなくなっていたのだ。

一九五四（昭和二十九）年、木下惠介監督、高峰秀子主演で映画化されたこの作品は、大きな反響を呼びました。作品の中では声高に語られていませんが、反戦・平和という強烈なメッセージを伝えるものとなっています。過日、鎌倉円覚寺の木下惠介の墓を訪れました。あの、一見穏やかな語り口の背後に秘められた木下の強い意志とその残した作品から受けた感動を思い出しました。

原作者壺井栄は、一八九九（明治三十二）年香川県小豆島に生まれます。家が貧しく、小学校卒業後、家業を手伝いながら、郵便局や役場に勤めます。その後、隣村の壺井繁治と知り合い、上京して結婚します。このころ、夫の文士活動の影響から林芙美子、佐多稲子、宮本百合子らと知り合います。一九三八（昭和十三）年「大根の葉」を発表、デビュー作となります。一九五四年に映画化された『二十四の瞳』が大ヒットとなったことは先に述べたとおりです。映画化されたこの作品は、戦争の悲惨さや時代の奔流に巻き込まれていく民衆の姿、そして教師と子供たちとの深い交流が、多くの人々の心情を揺さぶり、大きな反響を呼びました。

与謝野晶子と壺井栄の言葉は、日露戦争と太平洋戦争という二つの戦争を背景にしたもので、その時代と思想的背景に違いはありますが、戦争というもの、それに向かって猛進した時代精神への厳しい眼差しがあるように思います。

過日、友人に案内されて小平霊園を訪ねたとき、壺井栄の墓前に立ち、あの感動が甦《よみがえ》ってきました。その壺井の墓からほど近いところに、交流のあった作家・宮本百合子が眠っていました。その宮本は、

うららかな春は厳しい冬のあとからくる

という言葉を遺しています。

“聖戦”という虚構を暴く

あの大戦争は、何のために戦ったのか？　何人も知らない。列国人民が夢中になって、只一図に国家のためと思い込んで死地に狂奔したに過ぎない。肝心要の国家は、現在何《いず》れも半死の状態に陥っているのを見れば、あの戦争が、どの国家のためにもならなかった事だけは分明だ。

——尾崎行雄

唯徒《いたず》らに聖戦の美名に隠れて、国民的犠牲を閑却し、曰く国際主義、曰く道義外交、曰く共存共栄、曰く世界の平和、斯《か》くの如き雲をつかむような文字を並べ立てて、そうして千載一遇の機会を逸し、国家百年の大計を誤るようなことがありましたならば、現在の政治家は死してもその罪を滅ぼすことはできない。

——斎藤隆夫

冒頭の言葉は、憲政擁護運動を指導し、「憲政の神様」と称された尾崎行雄の言葉です。尾崎の経歴については先にふれました。尾崎は、第一次世界大戦後ヨーロッパ視察で戦争の悲惨さを目の当たりにして、軍縮論を主張、治安維持法反対運動など、一貫して反軍国主義、反ファシズムの立場に立って活動しました。

尾崎は、第一次世界大戦について、この大戦争は何のために戦ったのかと問いかけ、先の言葉を語っています。

そして、こうした戦争の惨禍は、一方で人類に対する一大教訓をも残すことになったと、次のように語ります。

「かくて人類創造以来の最大事件は全く無益有害なる発狂的動作であったが、之によって、吾人は①戦争の惨禍は、何人も想像し得ないほど、広大深酷であることを実験した。②将来の戦争は、世界の文明を滅ぼさせるのみならず、人類をもほとんど絶滅せしむべき事実を察知し得た。この二事は、経世家にとっては、至貴至重な獲物である」

まことに明快で、覇気あふれる言葉です。それはまた、核戦争の危機が現実のものとなった現代への、鋭い先見性に満ちた警告ともなっています。

そして尾崎は軍縮運動に精力的に取り組みますが、しかし、その後の事態は尾崎の危惧した方向へ展開していきます。

一九三一（昭和六）年、満州事変勃発

一九三二（昭和七）年、五・一五事件、政党政治の終焉《しゅうえん》

一九三六（昭和十一）年、二・二六事件

一九三七（昭和十二）年、日中戦争勃発

こうした流れの中で、軍部の支配は急速に強化の一途をたどりました。

尾崎はこうした状況を黙視できず、一九三七（昭和十二）年二月十七日、国会で、後々まで語り継がれることになる二時間にわたる大演説を行いました。

尾崎はこの演説にあたって、まず「正成《まさしげ》が敵に臨める心もて我れは立つなり演壇の上」という辞世を詠み、暗殺されることを覚悟して壇上に臨みました。

演説に込めた尾崎の決意は相当なものでした。その迫力と論旨は多くの感動と共感を呼び、新聞各紙も全面を使って尾崎の演説を掲載しました。

しかし、もはや戦争へ向かう巨大な潮流を押しとどめることはできませんでした。ただ、軍事体制一色に染まる時代の流れの中で、こうした尾崎の気概あふれる行動は感動的で、その後長く語り継がれることとなります。

また、先の尾崎の言葉「将来の戦争は、世界の文明を滅ぼさせるのみならず、人類をもほとんど絶滅せしむべき事実を察知し得た」は、現代の国際関係の現実に目をやるとき、まさに慧《けい》眼《がん》というべきものといえます。

斎藤隆夫の名はその有名な反軍演説で知られています。斎藤は二・二六事件直後の議会で粛軍演説を行い、一九四〇（昭和十五）年二月には反軍演説を行い、議会から除名されました。

冒頭の斎藤の言葉はその反軍演説の一部です。

「徒《いたず》らに聖戦の美名に隠れて、国民的犠牲を閑却し、（中略）千載一遇の機会を逸し、国家百年の大計を誤るようなことがありましたならば、現在の政治家は死してもその罪を滅ぼすことはできない」――国家総動員体制という圧倒的な時流の中で、誰もが権力を恐れ、言論が封殺されるなか、斎藤の気骨の言葉は感動的ですらあります。

演説はヤジと怒号の中で行われましたが、斎藤はそれに屈することなく、自身の主張を貫きました。

斎藤隆夫は一八七〇（明治三）年、兵庫県に生まれます。東京専門学校（現・早稲田大学）で学び、弁護士資格を取得したあと、アメリカのイェール大学に留学します。

帰国後の一九一二（明治四十五＝大正元）年に立憲国民党より総選挙に出馬、初当選を果たし、立憲政治家として活動し、軍部がその圧倒的影響力を強めるなか、反軍の初志を貫きました。その活動の中でとくに印象的で世論に大きな影響を与えたのが、先の二・二六事件直後の粛軍演説であり、一九四〇（昭和十五）年二月の反軍演説でした。

斎藤は、先の反軍演説で除名を受けたあと、次のような漢詩を詠んでいます。

我が言は則ちこれ万人の声

毀誉褒貶は世評に委す
請う看よ百年青史の上
正邪曲直自ずから分明

大まかな意味は、私の言葉は万人の声だ、世間の評価はそれぞれにお任せする、百年たって歴史の記録（青史）を見れば、何が正しく、何が間違っていたかは自ずから明らかになるであろう、ということです。

斎藤が「百年青史の上」と書いてからすでに八十余年、斎藤の言葉が深く心に届きます。その言葉は時流や大勢に屈しない、斎藤の並々ならぬ自信と気骨を物語っています。先の粛軍演説や反軍演説と併せ読むとき、新たな感動を誘います。

自由にものが言えなかった時代

長い間わたし達は人間を見失っていた。悲しい時に悲しいと言わず、嬉しい時に嬉しいと言わなかった。おめでたくないのにおめでとうと言い、怒るべきものに有難うと言って来た。

——谷川徹三

今はものが言えますから、私たちのようにものが言えなかった時代を知っている人間にはその貴重さがわかります。

そこを大事にしなけりゃいけないというふうに思います。

——佐多稲子

あの太平洋戦争につながる暗い時代、作家も学者も国民も、その率直な心情や思想について自由に語ることが許されていませんでした。一般市民はもちろんですが、学者や作家や芸術家など知的生産や表現活動を生業とする人々にとっては、まさに暗黒の時代でした。

先に掲げた言葉からは、その時代の雰囲気やそこに生きた人々の無念さが伝わってきます。

はじめの谷川徹三の言葉は、太平洋戦争が終わった翌年に語られたものです。

谷川徹三は一八九五（明治二十八）年、愛知県に生まれました。旧制中学校を卒業後、一高

（第一高等学校）を経て京都帝国大学哲学科へ入学します。

大学ではあまり講義には出ていませんが、西田幾多郎と田辺元の特殊講義だけは欠かさず聴講していました。卒業後、同志社大学講師などを経て一九二八（昭和三）年に法政大学文学部哲学科教授となります。その後、文学部長、能楽研究所長を経て、一九六三（昭和三十八）年に総長に選出され、一九六五年までつとめました。この間、安倍能成らと雑誌「世界」を刊行、林達夫らと「思想」の編集にあたります。こうして出版ジャーナリズムにかかわりつつ、芸術・社会・文化・思想など多方面にわたる評論活動を展開しています。

一方、東京をはじめ全国各地から講演を求められました。講演のテーマは、「今日の文化の問題」「幸福ということ」「宗教と科学」「思想というもの」「人生について」「人間の回復」など多岐にわたっています。

谷川の講演は多くの国民に大きな感銘を与えましたが、太平洋戦争敗戦の翌年の松山市での講演「人間の回復」ではこう語りかけました。冒頭の言葉は、その一節です。その後続の文章とともに引いておきます。

長い間わたし達は人間を見失っていた。悲しい時に悲しいと言わず、嬉しい時に嬉しいと言わなかった。おめでたくないのにおめでとうと言い、怒るべきものに有難うと言って来た。こういう言い表しの中には一種のヒロイズムがあった。時には崇高な精神さえもあった。けれどもそれが人間の本性にもとったことであったのは確かである。それは偽善の烙印を押されても致し方のないことであった。わたし達はどんな場合にも真実の上に立たなければならないし、真実の上に立たないところに本当のことはできない。その真実の上にそれは立たなかったのである。（中略）つまり、われわれは人間を見失っていたのである。この人間をわれわれは回復しなければならない。

（『自伝抄』）

この講演は一九四六（昭和二十一）年に行われたものですが、各地での講演は敗戦直後の生きることへの自信を喪失していた国民に大きな感動と生きる力をもたらしました。

谷川の活動は、東西の哲学、思想、芸術、文化の幅広い領域にわたり、思索と研究に携わりつつ、一方で平和運動にもかかわり、国民に熱く語りかけました。

いま、国や世代を超えて、幅広く支持されている詩人の谷川俊太郎はその長男です。

昭和が終わり平成が幕を開けた一九八九年、谷川は九十四歳の長寿を全うしました。文字どおり二十世紀を生き抜いた巨人です。その谷川は鎌倉の東慶寺墓苑に、鈴木大拙、西田幾多郎、和辻哲郎ら日本を代表する碩学《せきがく》たちとともに眠りについています。

独特の静謐《せいひつ》さに包まれるこの墓域は、限りなく深い思索に誘われる掛け替えのない散策の場でもあります。

先に「政治とは何か」を鋭く問いかけた佐多稲子の言葉を取り上げました。

ここで佐多が「ものが言えなかった時代」とは、まさに谷川徹三が「人間を見失っていた」と語った時代と重なります。その言葉は、作家として、言論抑圧の中で戦い続けた佐多ならではの言葉です。

佐多はＮＨＫテレビの番組「あの人に会いたい」の中でこう語っています。

今はものが言えますから、私たちのようにものが言えなかった時代を知っている人間にはその貴重さがわかりますのね。でも今日の新しい学校教育を受けた人たちにはその実感がないのかもしれない。〈初めからこんな自由があったんだ〉みたいに。前はなかったんですからね。それはまあ厳密に言えば今でもどこまでの自由かということにもなりますけど、一応私たちは自分たちの思うことを言うことができます。だからそれに対して、やはり社会に対してものを言う以上は自分も責任をもたなきゃなりませんわね。

かつての治安維持法により、国策に批判的な思想、学問、運動に関与した人物への検挙数は膨大な数にのぼりました。そういう時代状況の中でさまざまな体験をした佐多の言葉には重い説得力があります。

佐多とほぼ同世代の作家高見順は、『ある晴れた日に』の中でこう書いています。

何も言わぬか、或は言うとなったら誤魔化さないで己の考えを述べるか、どっちかでなくてはならぬ。卑怯な糊塗は自分を腐敗させる。

表現者としての苦悩と矜持《きょうじ》を思わせる言葉です。

これが書かれたのは一九四一（昭和十六）年ですが、同じ年に大政翼賛会が創立され、この年の十二月には太平洋戦争に突入しています。

敗戦、そして新憲法のもと、言論や表現の自由が保障されました。新しい時代の到来でした。しかし、そこで得られた自由は、後述する丸山真男も言う如く、不断の努力によってこそ確保されるものです。

いまこの時代、本当に言いたいことが言えているのか、メディアの、権力から距離を置いた自由闊達な表現活動は、一点の曇りもなく展開されているのか、谷川や佐多の言葉を不断に振り返ってみることも必要ではないかと思います。

第四章　志を貫く

真理と自由を問い直す

真理は最後の勝利者である。

——南原繁

自由は置物のようにそこにあるのでなく、現実の行使によってだけ守られる、いいかえれば日々自由になろうとすることによって、はじめて自由でありうるということなのです。

——丸山真男

前者はかつて東大の名総長として知られた南原繁が総長を離任するとき学生たちに贈った言葉です。「真理は最後の勝利者である」——この言葉の意味するところは、南原の波乱に満ちた生涯をたどるとき、深く共感できるものとなります。

南原は一八八九（明治二十二）年生まれ。幼少時から独立心が強く、向学心に燃えていました。一九〇七（明治四十）年、一高（第一高等学校）に入学、その後東京帝国大学法学部に進み、そこで内村鑑三や新渡戸稲造と出会うことになります。新渡戸は当時の一高の校長で、その西欧的教養とヒューマニズムの精神は多くの学生たちに強い影響を与えました。また、「生涯の師」となる無教会主義のキリスト教徒内村鑑三との出会いは、南原のその後の人生に決定的なものとなりました。

卒業後、内務省に入省しますが、やがて一九二一（大正十）年、助教授として東京帝大法学部に戻り、ヨーロッパに留学します。三年間の留学生活を終えた南原は母校に復帰し、政治学史を担当します。『国家と宗教』『フィヒテの政治哲学』などの著作を残し、教え子の中に福田歓一（政治学史）、丸山真男（日本政治思想史）などがいました。

南原が東京帝大に在職していた時代、とくに満州事変、五・一五事件、そして日中戦争を経て、日本が国体イデオロギーを柱とする軍事体制へと突き進む中で、大学は大きな危機に直面していました。美濃部達吉の天皇機関説事件、矢内原事件、津田左右吉事件、滝川事件など、学問の自由に対する当局の介入と弾圧は激しさを増すばかりでした。

こうした状況の中で、南原はひたすら自由と真理のためにその研究に取り組んでいました。ただ、それは非常な緊張感を伴うものでした。南原には『形相』という歌集があるなど、歌人としても知られていますが、そのころに作った歌があります。

この一年の講義終へけり　われ机にむかひて熱き涙とどまらず

これは、一年間の講義を終えて研究室に戻ったときの感懐を詠んだものといわれていますが、ファシズムの嵐が大学の内外にも激しく吹き荒れるという、その時代的背景を考えるとき、南原の深い思いが伝わってくるようです。

そして日本が敗戦から占領期、復興へと向かう一九四五（昭和二十）年から一九五一（昭和二十六）年まで東大総長をつとめましたが、入学式や卒業式などの式典における学生へのメッセージは強烈なインパクトを持ち、新聞などでも紹介されて、広く一般人にも影響を与えるものとなりました。

また、サンフランシスコ講和条約に反対して全面講和を主張し、当時の吉田茂首相から「曲《きょく》学阿世《がくあせい》の徒」と批判されましたが、南原はこれに対して学問への冒瀆《ぼうとく》であると反論しました。「曲学阿世」とは、学問の真理を曲げて世におもねるという意味ですが、当時、この言葉を初めて耳にする人も多く、この両者の対決は大きな話題になりました。権力と対決し、自身の信念に忠実であろうとする南原の姿勢は多くの人々の共感を得ました。

そして、東大総長を離任する際語られたのが、冒頭の「真理は最後の勝利者である」という言葉でした。

戦前戦後を通じて常に権力と対峙し、学問と真理のために戦い続けた南原の重い言葉です。

その南原を掛け替えのない師と仰ぐのが、丸山真男です。丸山は、自由というものは、はじめから与えられたり、そこにあるものではなく、自由を行使することによって初めて人は自由であり得るといいます。冒頭の言葉を含む一節を引いておきます。

> 私たちの社会が自由だ自由だといって、自由であることを祝福している間に、いつの間にかその自由の実質はカラッポになっていないとも限らない。自由は置物のようにそこにあるのでなく、現実の行使によってだけ守られる、いいかえれば日々自由になろうとすることによって、はじめて自由でありうるということなのです。
>
> （『日本の思想』）

丸山はこのことを日本国憲法第十二条に即して、国民は主権者になったが、主権者であることに安住して、その権利の行使を怠っていると、ある朝目覚めてみると、もはや主権者でなくなっているといった事態が起こるという警告となっているといいます。

丸山はまた民主主義について、こう補足しています。

> 民主主義というものは、人民が本来制度の自己目的化——物神化——を不断に警戒し、制度の現実の働き方を絶えず監視し批判する姿勢によって、はじめて生き

たものとなり得るのです。　　　　　　　　　（前掲書）

こうした指摘は、先に学問の自由と真理のために戦い続けた南原繁の生き方とも重なるし、またその警告はこの経済大国となった日本の政治のありようを目にするとき、深い共感を呼ぶものとなっています。

丸山は大阪市生まれ。東京帝大法学部卒業後、同助教授などを経て東大教授をつとめます。一九四六年に雑誌「世界」に「超国家主義の論理と心理」を発表し、日本型ファシズムと日本政治を分析して戦後の政治学を確立したといわれます。ほかに『日本政治思想史研究』『現代政治の思想と行動』などの著作があります。

そして、単にアカデミズムの枠にとどまらず、その著作や講演活動によって、戦後日本のオピニオン・リーダーとして大きな影響力を発揮しました。

南原は丸山の指導教授でしたが、その南原と、その後を受けて東大総長となる矢内原忠雄は、内村鑑三と新渡戸稲造の大きな薫陶を受けています。

その内村鑑三と新渡戸稲造、南原繁と矢内原忠雄、そして丸山真男らが、同じ多磨霊園に眠っていることにも大きな感銘を受けました。この霊園を歩き、碩学たちの墓碑を訪ね、いわば〝知の系譜〟をたどるのも、深い充足の時間となります。

ある外交官の気骨

私のしたことは外交官としては間違ったことだったかもしれない。しかし、私には頼ってきた何千人もの人を見殺しにすることはできなかった。そして、それは人間としては正しい行動だった。

――杉原千畝《ちうね》

日本には昔から『窮鳥懐に入る。猟夫もこれを殺さず』という諺があって、逃げて来て、救いを求むものには、一視同仁これを庇護するのが日本の国風である。

――堀口九萬一《くまいち》

日本外交史に残る、二人の気骨ある外交官の言葉です。

第二次世界大戦中のリトアニアで、ナチスの迫害を逃れてきたユダヤ人に対して、日本政府の命令に背いて日本通過ビザを発給し、約六千人もの命を救ったといわれる杉原千畝のことはよく知られています。

杉原千畝は一九〇〇（明治三十三）年という、まさに世紀の節目に、岐阜県で生まれます。父の勧める医学専門学校への進学を拒否し、家出同然で上京して、早稲田大学高等師範部英語科に入学します。そこで苦学生として学んでいましたが、生活は厳しく、たまたま目にした外務省の留学生募集に応募します。そして、猛勉強の結果合格、官費留学生として満州（現・中国東北部）のハルビンでロシア語を学んだ後、同省に採用されます。

その後、満州国外交部、フィンランドなどでの勤務を経て、一九三九（昭和十四）年にリトアニアの日本領事館に領事代理として赴任します。

杉原がリトアニアの首都カウナスに赴任した当時、ドイツはヒトラーの率いるナチスの支配下にありました。ナチス・ドイツはユダヤ人を差別して、彼らを隔離・殺害し始めましたが、その結果、多くの難民がポーランドの隣国リトアニアに逃れてきました。杉原はこうした情勢の中でリトアニアに赴任したのでした。

一九四〇（昭和十五）年七月十八日、日本領事館は異常な事態に遭遇していました。ヒトラーの支配を逃れ、ポーランドを追われてきた大勢のユダヤ人避難民が、シベリアと日本を経由して、第三国に移住しようと、日本領事館に日本通過ビザを求めて集まってきたのです。しかし、一定の渡航費と避難先の国の入国許可が必須という、日本政府の定めた条件を備えていない人々への大量のビザ発行は、杉原の権限を超えることでした。杉原は人道上の見地からビザの発給を認めるよう外務省に願い出ましたが、認められませんでした。

決断を迫られた杉原は独断でビザ発給を決意しました。悩みに悩んだ末の決断でした。

やがてリトアニアはソ連に併合されることになり、日本領事館も閉鎖されることになりますが、限られた時間の中で、杉原は寸暇を惜しんで連日ビザを書き続けました。出国直前まで発給を続け、「命のビザ」といわれたそのビザの数はおよそ六千ともいわれています。

外務省退職後、杉原はこのビザ発給のことに関して自ら語ることはありませんでした。ただ、杉原は晩年、妻の幸子に語っています。それが冒頭の言葉です。

私のしたことは外交官としては間違ったことだったかもしれない。しかし、私には頼ってきた何千人もの人を見殺しにすることはできなかった。そして、それは人間としては正しい行動だった。

（杉原幸子『六千人の命のビザ』）

杉原の人柄を偲《しの》ばせる謙虚な言葉ですが、鎌倉霊園でその墓前に立つとき、リトアニアでの外交官としての杉原のみでなく、複雑な国際情勢と、国家権力の思惑の中で翻弄されたその波乱の生涯が偲ばれて、胸に迫るものがありました。

杉原より少し時代は遡りますが、もう一人、「気骨の外交官」ともいえる、堀口九萬一の言葉を取り上げます。奇《く》しくもこの二人の外交官は、同じ鎌倉の霊園で眠っていました。

およそ一世紀ほど前、当時在勤していたメキシコで、クーデターで追われた大統領の家族を含む総勢二十余名を、自身の危険を覚悟しながらも身を挺して公使館に匿《かくま》って保護した一日本人外交官堀口九萬一の人道的行為はあまり知られていませんが、そこにはあの杉原千畝に通じるものがあります。

九萬一はあの著名な詩人堀口大學の父でもありますが、その名を知る人は、いまはもうきわめて稀有《けう》な存在となりました。

堀口九萬一は　一八六五（慶応元）年、越後国（新潟県）長岡に生まれました。三歳のとき、戊辰戦争で父が戦死、母のもとで苦学しながら育ちました。

小学校時代から神童といわれ、成績優秀で、旧制長岡中学校へ進み、苦労した母への恩義に報いるためにも立身したいという志のもと、勉学に励みます。

一八九三（明治二十六）年、東京帝国大学を卒業、第一回外交官領事官試験に合格、外交官人生のスタートを切ることになります。領事官補として赴任した朝鮮の仁川での勤務の後、清国の沙市の領事として赴任、その後、オランダ、ベルギー、ブラジル、スウェーデン、メキシコ、ルーマニアなどに勤務します。

九萬一にとって特筆すべき事件は、一九一三（大正二）年、臨時代理公使としてメキシコに赴任中、現地の軍事クーデターに遭遇したことでした。

革命軍に追われたマデロ大統領の妻子や親族らは、親交のあった堀口九萬一公使に援助を求めました。九萬一は公使館が攻撃される危険を冒して、身を挺して彼らを匿いました。また、当時メキシコに居住していた日本人たちも、公使館にベッドや必需品を運ぶなど支援に努めました。

その後二月九日には、革命軍のウエルタ将軍はマデロ大統領に辞職を迫りましたが、マデロはこれを拒否します。そこで、大統領を脅迫するために、大統領の家族がいる日本公使館を攻撃するという噂が伝わりました。

九萬一はウエルタの真意を確かめるために、ウエルタが占拠している大統領官邸に直行しました。九萬一は日本公使館襲撃の意図があるかどうか問い質《ただ》しました。ウエルタはそれを言下に否定し、安心するよう伝えました。

この会見の折、九萬一が語った言葉の一部が冒頭の言葉です。

日本には昔から『窮鳥懐に入る。猟夫もこれを殺さず』という諺があって、逃げて来て、救いを求むものには、一視同仁これを庇護するのが日本の国風である。たとえマデロ大統領の家族でなくとも、危急の場合に日本の公使館に逃げて来た墨西哥《メキシコ》人なら、誰彼の差別なく皆庇《かば》ってやる。今度のことも要するに墨西哥人に対する日本人の同情の発露である。殊に墨西哥のこの頃のように、革命が頻発し、朝にして其の夕の測られざる形勢にあっては、誰が明日、ともすれば、或は貴下の家族が、今日のマデロの家族と同じ運命の道を辿《たど》って日本公使館へ逃げ込んで来ない事を断言できようや？ その時に於いては勿論自分は同じ方針で、貴下の家族を庇護してやる心組でいる。

（『世界と世界人』）

この九萬一の言葉はウエルタを動かし、ウエルタはこれに深く感謝しているように見えた、と九萬一は書いています。こうした堀口九萬一公使の人道的対応は、日本の武士道の精神を体現したものとしてメキシコ国内において幅広く評価され、日本とメキシコの関係史を彩る最も美しい逸話の一つとして語り継がれています。

九萬一が世を去って七十年後、そしてメキシコ公使として在任してからおよそ一世紀を経た二〇一五（平成二十七）年七月に、あのクーデターのときの、九萬一の人道的行為を称えるプレートが、在日メキシコ合衆国大使館に設置されました。

そのプレートには、次のような言葉が記されています。

「メキシコ合衆国連邦議会上院は　堀口九萬一および偉大なる日本国国民に対して　一九一三年二月悲劇の数日間にわたり　マデロ家一族へ賜った庇護を謝すとともに　人道上の模範たる

行為を称えこのプレートを捧げる　二〇一五年四月二十一日」

大使館でこのプレートに対面した私は、気骨の外交官堀口九萬一の人道的行為とその生涯に、あらためて深い思いを馳せたのでした。

〝出版人の志〟を問う

出版は教育である

——下中弥三郎

真理は万人によって求められることを自ら欲し、芸術は万人によって愛されることを自ら望む。

——岩波茂雄

出版不況といわれて久しい。新しいメディアの出現と若者の活字離れが顕著なこの時代、あらためて読書の意味と喜びを回復し、再考したいと思うのです。ここでは、出版の新時代を切り拓いた二人の創業者を取り上げます。

その一人、百科事典をつくった男・下中弥三郎は、「出版は教育である」という信念を持っていました。教育者を志して教壇に立ちますが、その延長線上で多くの人たちに影響を与える出版事業に邁進しました。この言葉は、万人のための教育者ともいうべき出版業者としての抱負を物語っています。

下中弥三郎は一八七八（明治十一）年、兵庫県に生まれます。幼少で父を亡くし、陶器職人として修業していましたが、一八九八（明治三十一）年神戸に出て、検定で小学校準教員の資格を得ます。その後上京、いったん婦女新聞の記者をつとめますが、中等教員検定試験に合格し、埼玉師範学校教諭となります。一九一四（大正三）年『ポケット顧問や、此は便利だ』を著しましたが版元が倒産、同年六月、平凡社を創業します。

その後、本格的な出版活動を展開し、『現代大衆文学全集』『世界美術全集』を発行し、一九三一（昭和六）年に刊行を開始した『大百科事典』は一九三五（昭和十）年に完結します。

一方、一九四〇（昭和十五）年の大政翼賛会発会への協力などのために、戦後は公職追放となります。追放解除後は平凡社社長に復帰、一九五五（昭和三十）年から五九（昭和三十四）年にかけて『世界大百科事典』を刊行し、「百科事典の平凡社」としての地位を確立しました。この事典の編集方針のトップには、「一九五四年現在の世界文化をすべて収めつくしてあまさぬ」と書かれ、その気負いの大きさを物語っています。その気負いの背景には、「出版は教育である」という下中の信念を読み取ることができると思います。

また世界連邦運動や平和運動にも尽力しました。

貧窮のなか、独学で資格を取り、教師として活動、同時に教育改革や社会運動に尽力、一方で出版人としても活躍し、倒産や戦後の公職追放を乗り越えて、出版事業で成功を果たした下中の人生は、まさに波乱の人生ともいえます。

「出版は教育である」という言葉は、まさに教育の現場にかかわり、教育運動や社会運動に尽力し、そして出版事業の振興に努めた下中ならではの言葉といえます。

平凡社の下中の言葉に対して、後者は岩波書店の創業者岩波茂雄の言葉です。現在でも岩波文庫の巻末に掲げられたこの言葉には、出版人としての岩波の気概を感じます。

岩波茂雄は一八八一（明治十四）年、長野県諏訪郡中州村（現・諏訪市）に生まれました。家業は農家で、父は村の助役まで勤めた人でしたが、身体が弱く茂雄が十五歳のとき亡くなりました。諏訪実科中学校卒業後上京し、一高を受検しますが失敗、翌年合格します。この間、内村鑑三の講演を聞き、影響を受け、内村の日曜学校の熱心な聴講生となります。

その後、東京帝国大学哲学科に選科生として入学、卒業後、阿部次郎の紹介で神田女学校の教師となりましたが、四年後に辞職します。

そのときのことを岩波は、自分には人生における根本信念があるわけではないので、人を教える前に教えるべきは自らであるという思いに迫られたからだと語っています。

自信喪失と苦悩の果てに教職を去った岩波は、まったく新しいステージへと転進することになります。それは岩波書店の開業でした。

そのころのことを岩波はこう語っています。

御存知の如く封建時代以来農工商といって商人は世間で一番低いものと見られている、しかし商人と言えどもやり方が社会的任務を尽くすにおいては必ずしも卑しいものではない筈《はず》だ。人のため必要な品物をなるべく廉価に提供すれば人々の必要を充たし、また自分の生活も成り立つ、とすれば商売必ずしも卑賤ならず、官吏や教員と異って自由独立の境地も得られ、また人の子を賊《そこな》う惧《おそ》れもないから心安らかに居られる、こう考えて市民生活に入ったのである。

（安倍能成『岩波茂雄伝』）

こうして一九一三（大正二）年、神田に古書店岩波書店を開業しました。開業時の挨拶状には、「低く暮し高く思ふ」とあります。

創業した岩波書店では、当時の商慣習に反して正札販売を行い信用を得ました。夏目漱石の知遇を受け、一九一四（大正三）年『こゝろ』を出版し、出版業に参入します。翌一九一五年には一高以来の友人・安倍能成、阿部次郎らが編集、執筆した「哲学叢書」を刊行、これが哲学書流行の時代を作ることになります。

その後、一九二七（昭和二）年には、ドイツのレクラム文庫に範をとり、東西の古典普及を目指す岩波文庫を刊行します。

その発刊の言葉は、岩波自身によって書かれました。冒頭に引いた言葉がそれですが、「真理は万人によって求められることを自ら欲し、芸術は万人によって愛されることを自ら望む」で始まり、「かつては民を愚昧ならしめるために学芸が最も狭き堂宇《どうう》（殿堂、建物＝注）に閉鎖されたことがあった。今や知識と美とを特権階級の独占より奪い返すことは常に進取的なる民衆の切なる要求である」と続き、岩波の決意と志を見ることができます。この言葉は、現在の岩波文庫の巻末にも「読書子に寄す」として掲げられています。

一九三八（昭和十三）年には、「岩波新書」を刊行します。

こうした文庫や新書が、戦前戦後を通じて日本人の精神形成に果たした役割には計り知れないものがあります。今日、新書ブームともいわれる時代が到来していますが、新書というスタイルの嚆矢《こうし》が、この岩波新書にあったのです。その長い歴史の中で生まれた数々の名著に、思い出深い青春を重ねる人も少なくないと思われます。

このほかにも多くの全集、講座、学術書を出版し、人文科学、社会科学、自然科学にわたる幅広い分野で出版文化の発展に寄与しました。

しかし、日中戦争から太平洋戦争を通じて、ファシズムの嵐の中で、言論出版活動には大きな制約と弾圧が加えられました。一九四〇（昭和十五）年には、津田左右吉の著作『古事記及日本書紀の研究』などが発禁処分となり、著者とともに岩波は起訴されますが、結局は免訴となります。

一九四五（昭和二十）年、日本敗戦の年は、岩波の周辺でも悲運が相次ぎました。長年の交友があった西田幾多郎が病死し、岩波の信頼すべき協力者でもあった哲学者の三木清が獄死し、長男雄一郎の死去という試練もありました。

翌一九四六（昭和二十一）年、体調のよくなかった岩波は熱海の別荘で倒れ、そのまま息を引き取りました。享年六十四歳でした。そしていま、長年の交友のあった安倍能成、西田幾多郎らとともに、鎌倉の東慶寺の墓地で、静かな眠りについています。

〝勲章〟は、わが志に非《あら》ず

人生のラッパ手として、長い間吹き続けてきたのは、金が欲しいからでも、権力を得たいからでもない。まして国家から勲章をもらうためでは絶対にない。僕は、あくまで大衆のために歌を作り続けてきたのだ。　――浜口庫之助

（文化勲章は）自分には大きすぎる。勲章を背負って舞台に上がりたくない。私はまだまだ現役で芝居がしたいだけ。
戦争中に亡くなった俳優を差し置いてもらうことはできない。　――杉村春子

それぞれの道を、自らの信念に基づき生き通した人物たちの言葉には、それぞれの重みがありました。本章の最後に、褒賞や勲章などの、いわゆる国家的栄誉を、自身の信条を貫き、辞退した、いわば〝気骨の人々〟の言葉を取り上げておきます。

冒頭の言葉は、作詞家にして作曲家、そして歌手でもあり、「バラが咲いた」「人生いろいろ」などの名曲を残した浜口庫之助の言葉です。

浜口は一九一七（大正六）年、神戸市に生まれます。父は土建会社を営み、浜口は七人兄弟

の下から二番目でした。音楽好きのハイカラな家庭で、家族で合奏ができたといい、「生まれたときから僕の周りには音楽があった」と浜口は語っています。

小学校二年のときに一家は東京へ引っ越しました。一九三五（昭和十）年、早稲田大学高等予科（現・早稲田大学高等学院）に入学しますが、翌年に中退します。一九三六（昭和十一）年、新宿にあった帝都ダンスホールのバンドボーイとなり、ギタリストとして活動しました。

しかし太平洋戦争が始まると、ジャズなどは敵性音楽とされ、メンバーも学徒動員などで徴用され、活動を続けることができなくなりました。

太平洋戦争終結後、東京でラテンミュージックバンドを組み、進駐軍を相手に演奏を行いました。しかし、浜口はそれにどこか満足できないものを感じていました。

たまたまそのころ、一九五七（昭和三十二）年、新宿コマ劇場で公演を行った海外の舞踊団が「郷土の芸術をお見せできるのは光栄なこと」と挨拶したのを見た浜口は、外国の音楽を演奏するのではなく日本の曲を創作することこそが重要だと認識するようになり、バンドを解散、歌手活動を停止し、作詞家・作曲家へ転向します。

そして一九五九（昭和三十四）年の「黄色いさくらんぼ」（作曲）、一九六〇（昭和三十五）年の「有難や節」（作詞）、一九六五（昭和四十）年の「愛して愛して愛しちゃったのよ」（作詞・作曲）でヒットメーカーとなります。一九六六（昭和四十一）年には「バラが咲いた」（作詞・

作曲）が大ヒットし、新しいフォークソングの先駆けとなりました。同年「恍惚のブルース」「星のフラメンコ」「バラが咲いた」で日本レコード大賞作曲賞を受賞しています。

ちなみにこの年にはビートルズが初来日し、日本中を熱狂させましたが、このころは日本歌謡界にとってもまた黄金時代でした。

浜口は自身の創作活動に関して、「歌は作るというより、産んでいるとしか考えられない。作曲家ではなく、産曲家だ。僕の場合は、詩と曲とが一緒に出てくるから、一卵性双生児を産んでいることになるかなあと思う」と語っています（『ハマクラの音楽いろいろ』）。

そして和田弘とマヒナスターズ、ビリーバンバン、西郷輝彦、にしきのあきら、青江美奈らをスターに育て上げるなど人材育成にも才能を発揮しました。

〝大衆のために〟歌を作るという浜口の思いは強く、一九九〇（平成二）年には文化庁から叙勲の打診があった際には、「勲章のため曲を作っているのではない」という思いから辞退しています。そのときの浜口が語ったのが冒頭の言葉です。それを含む一節を引いておきます。

人生のラッパ手として、長い間吹き続けてきたのは、金が欲しいからでも、権力を得たいからでもない。まして国家から勲章をもらうためでは絶対にない。ここで勲章を受けたりしたら、いままで僕がやってきたことは、何だったのか、と僕は、あくまで大衆のために歌を作り続けてきたのだ。
（前掲書）

いうことになる。

大衆とともに歩むのだという、浜口らしい気骨の言葉です。今では、もうあまり見かけることのできなくなった、こんな浜口の信念と生き方には、深い共感を誘うものがあります。

もう一人は、文化勲章の受賞を辞退した、俳優杉村春子です。冒頭に引いたのは、杉村の辞退の弁です。穏やかな語り口ながら、どこか浜口に通じる杉村の気骨を感じさせる言葉です。

杉村は一九〇六（明治三十九）年、広島県に生まれます。幼少時に両親と死別し、養父に育てられました。養父が芝居小屋の株主だった関係で、幼時から歌舞伎、新派、歌劇などに親しみます。声楽家を目指して上京しますが、受験に失敗して帰郷、再度上京して一九二七（昭和二）年、築地小劇場に入ります。そこで、次章で取り上げる藤森成吉の『何が彼女をさうさせたか』のオルガン弾き役で初舞台を踏みます。

その後、築地座を経て文学座の創立に加わり、以後その中心的存在として活躍します。新劇の代表的舞台となった森本薫作『女の一生』の布引けい役は絶賛を受け、当たり役となりました。作中の台詞「だれが選んでくれたんでもない、自分で歩きだした道ですもの」は、女優としての一生を貫いた杉村の人生と響き合っているように思います。

ほかに『欲望という名の電車』『鹿鳴館』『華岡青洲の妻』などの作品で主役をつとめ、日本を代表する大女優としての地位を確立しました。

映画では、小津安二郎監督の『東京物語』『麦秋』『晩春』、新藤兼人監督の『午後の遺言状』など数多くの名作に出演し、成熟した演技を見せました。

一方で、創立当初から参加した文学座では、主要メンバーの大量離脱など、再三の試練に遭遇しました。

晩年、杉村はその女優人生を振り返りつつ、こう語っています。

演劇界全体が良い芝居を演じ、競争するようでなくてはなりません。そんななかで「負けるもんか！」とファイトが湧きます。

こういうことを言うと「何もその年して修羅を燃やさなくとも……」という人がいますが、私は今も「修羅の如く」の心情を持たなくては生きていることにはならないと思っています。枯淡の境地で山ごもりでもして過ごすなんて、私の中にはまだまだ娑婆っ気があります。好きな芝居をして身すぎ世すぎができる、こんないいことはありません。

（『杉村春子　舞台女優』）

数々の試練に直面しつつも、それを乗り越え、生涯一女優として生きる気概を感じさせる言葉です。

一九九五（平成七）年には文化勲章の内示を受けますが、これを辞退しています。そのとき杉村が語ったのが、冒頭の言葉です。

勲章は自分には大きすぎる、戦争中に亡くなった俳優を差し置いてもらうことはできない、という言葉は、杉村の誠実さと気骨を物語っているように思います。また、勲章は最後にもらうもの、まだまだ現役で仕事がしたいとも語っている杉村の言葉は、先の自身の言葉と重なる、芸へのこだわりも感じさせます。

最後に、紫綬褒章を断った作家城山三郎の言葉を引いておきます。城山は、詩集「支店長の曲がり角」の中で、授賞を辞退したとき、妻にこう語っています。

「読者とおまえと子供たちそれこそおれの勲章だ。それ以上のもの、おれには要らんのだ」

第五章　文明の光と影

何が彼女をそうさせたか

〃女工哀史〃——細井和喜蔵

〃何が彼女をさうさせたか〃——藤森成吉

明治以降の日本の近代化は着実な成果を挙げると同時に、一方でさまざまな歪《ひず》みや問題を派生させました。その縮図ともいえる大正末期の紡績工場の女工のブラックな実態を描いたのが、細井和喜蔵の『女工哀史』でした。爆発的な売れ行きを示したこの本は、近代化の陰で苛酷な青春を生きることを余儀なくされた若い女性たちの、貴重なドキュメントとなっています。

この本の著者、細井和喜蔵は、一八九七（明治三十）年、京都府与謝郡に生まれました。父は和喜蔵の出生前に離別、母は六歳のときに自殺し、祖母に育てられましたが、祖母の死後小学校を五年で中退。仕事を転々とした後、一九一六（大正五）年大阪へ出て、鐘紡などの紡績工場で働きながら紡績学校に通い、一九二〇（大正九）年に上京した後も紡績工場へ入り、草創期の労働争議に参加します。やがて同じ工場の女工としをと結婚します。このころから雑誌「種蒔く人」に参加し、文学活動を始めます。

一九二五（大正十四）年、当時の繊維産業女子労働者の悲惨な実態を、自身の体験と、女工としての過酷な実体験を持つ妻としをの経験に基づき、女工募集の実態、労働条件、寄宿舎制度、女工たちの心情まで詳細に描いた記録文学『女工哀史』を、藤森成吉の紹介で雑誌「改造」に発表、翌年単行本として出版して注目を浴びます。

当時の日本にとって産業の近代化は至上課題であり、繊維産業も国策として育成振興が急がれました。筆舌に尽くしがたい女工たちの過酷な労働と生活がそれを支えたのでした。その赤裸々な実態を現場から描き出したのがこのルポルタージュで、多くの反響を呼びました。「女工哀史」という言葉は流行語といえるまでになりました。

しかし、刊行から一か月の後、細井は肺結核と腹膜炎で倒れ、二十八歳という短い生涯を閉じました。過酷な労働と心血を注いだ執筆活動が体を蝕《むしば》んでいったのでしょうか。

細井はそのほかに、自身の体験をもとにした自伝風の小説『工場』『奴隷』なども発表しています。

当時女工たちの間で歌われた小唄にこんなものがありました。細井が採録したものです。

籠の鳥より監獄よりも
寄宿ずまいはなお辛《つら》い

工場は地獄よ　主任が鬼で
周る運転火の車
此処を脱け出す翼がほしや
せめてむこうの陸《おか》までも

以上は細井が採録した唄のほんの一部ですが、「工場は地獄」「脱け出す翼がほしや」などの言葉が強烈に響きます。細井は『女工哀史』の結びでこう書いています。

実に女工問題こそは社会、労働、人道上あらゆる解放問題の最も先頭に、中心に置いて考えられねばならぬ凡ての条件を具備して居る。数に於いて、不利なる労働条件に於いて、性質に於いて――。実に女工問題は重大なる人道問題たることを失わないのである。

青山霊園の「解放運動無名戦士墓」と刻された細井らの墓に対面し、彼の作品に目を通すとき、あらためて、いまこの時代の姿に思いを馳せました。現在では労働環境の改善はもちろん進んでいますが、実際の労働時間には依然として過酷な現実があることを忘れることはできません。いわゆるブラック企業などという言葉が平然と語られ、そこに至らずとも長時間労働や深夜労働、過酷なノルマさらにパワハラという問題など、働く人の立場から見るとき、多くの問題をはらんでいると思います。

『女工哀史』は過去の話、と言い切ってしまうことができるでしょうか。

細井らの眠る「解放運動無名戦士墓」の建設には、作家・藤森成吉らの大きな尽力がありました。その藤森も、ここに分骨されています。

藤森は一八九二（明治二十五）年、長野県諏訪郡上諏訪町（現・諏訪市）生まれ。県立諏訪中学校を卒業後、一高（第一高等学校）に入学します。同期に、作家の倉田百三がいました。その後、東京帝国大学に進み、在学中に発表した小説『波』（のちに『若き日の悩み』と改題）で認められ、広く知られるようになります。のち社会主義に傾倒し、一九二八（昭和三）年ナップ（全日本無産者芸術連盟）初代委員長をつとめますが、この間、先の細井和喜蔵の『女工哀史』の出版にも尽力しています。

作品には先の小説のほか、戯曲『磔茂左衛門』『何が彼女をさうさせたか』など、そして歴史小説『渡辺崋山』などがあります。

これらの作品の中で大きな話題を呼び、映画化されたものに、『何が彼女をさうさせたか』

があります。原作が発表されたのは一九二七（昭和二）年の雑誌「改造」の誌上で、その後単行本として刊行されました。

内容は、貧しい生まれの少女が母と離別、父とは死別し、さまざまな仕事を転々としながら辛酸をなめ、絶望の果てに自殺を図りますが一命をとりとめます。やがて収容された慈善施設でも、その偽善に絶望し、その施設に放火し逮捕されるという、過酷で波乱の生きざまを描いたものです。

築地小劇場での演劇の初演は一九二七（昭和二）年で、演出・土方与志、主演・山本安英でした。映画は一九三〇（昭和五）年に公開され、たちまち大ヒットとなり、一九三〇年度のキネマ旬報ベスト・テンの第一位となりました。

そして、「何が彼女をそうさせたか」というフレーズは、当時の流行語となりました。

藤森の人物像の一端を、藤森と親しかった評論家の木村毅はこう書いています。

「藤森氏は一見、弱そうに女性的にさえ見えるのに、そのやさしい衣のしたに包んでいる生肌は、不敵でがまんづよい信州だましいなのだ」

「氏とほとんど同じころ、一高の寮舎にいたのは、豊島與志雄、芥川龍之介、久米正雄、菊池寛、江口渙、などで、彼らはのちに第三、四次〈新思潮〉や、末期の〈帝国文学〉によって、花々しく文壇にでた。本来なら藤森氏もそのグループに加わっておりそうなものだのに、一人

超然と離れていたのである」（以上、「藤森成吉の人と作品」、『現代日本文学全集』54　筑摩書房）
　創作活動のみならず、幅広い社会活動に尽力した藤森ですが、一九七七（昭和五十二）年、散歩中にトラックに轢《ひ》かれたことが原因で死去しました。享年八十四歳でした。
　日本の近代化が生んだ大きな歪みを直視し、社会運動や解放運動のために身を投じた細井や藤森の遺した古典的な名著を、もう一度繙《ひもと》いて見ることも、今この時代、意義のあることのように思います。
　青山霊園には取材や友人知人の案内のため幾度か訪れましたが、細井や藤森の眠るこの無名戦士の墓には、きれいな花々の絶えることがなかったのが印象的でした。

人は文明の奴隷に非《あら》ず

人は文明の主人では無くして、却《かえ》って文明の奴隷となって居る。——木下尚江

機械が人を支配する時、作られるものは冷たく又浅い。味わいとか潤おいとか、それは人の手に託されてある。——柳宗悦

文明、あるいは近代化に伴うさまざまな課題、疑問を提起した言葉には、ほかにもいくつも出会いました。

その一つは、ジャーナリストとして、作家として、また社会運動家として、大きな足跡を遺した木下尚江の言葉です。

木下尚江は一八六九（明治二）年、信濃国松本城下（現・長野県松本市）の下級武士の家に生まれました。松本中学校を経て東京専門学校（現・早稲田大学）に学び、一八八八（明治二十一）年故郷に戻り、信陽日報の記者となります。同時に社会運動家、弁護士としても活動します。

その後キリスト教に入信、一八九五（明治二十八）年には信濃日報の主筆をつとめます。一八九七（明治三十）年、選挙疑獄事件の嫌疑を受けて逮捕され入獄しますが、翌年無罪判決が

出て出獄します。この入獄体験が木下にとって大きな転機になったといいます。

出獄後、一八九九（明治三十二）年に毎日新聞（旧東京横浜毎日新聞）の記者になります。誘ってくれたのは友人の石川半山でした。これが島田三郎（社長）との出会いともなりました。

木下はこの島田のもとで廃娼運動や足尾銅山鉱毒問題、普通選挙運動に精力的に取り組み、論陣を張り、講演活動を展開しました。木下らのこうしたキャンペーン活動は社会に強烈な影響を与え、鉱毒事件は大きな社会問題となりました。

木下の演説は説得力に満ち、多くの人に感動を与えるものであったようです。作家・有島武郎は、「木下氏の演説は実に傾聴すべきものであった。僕はそぞろに彼の人格の美しさをも感ぜざるを得なかった」（『評伝木下尚江』）と書き、また経済学者で社会運動家の河上肇は東京帝国大学在学中に聞いた木下の演説について、こう書いています。

「私は氏の口から、今まで嘗《かつ》て聞いたこともないような熱烈な調子の演説を聴いた。私が今でも尚はっきりと記憶して居るのは、その天皇神権論に対する攻撃の露骨さであった。山口の片田舎で育った私は、——山口はいわゆる藩閥の根源地であり、そんな話は私話にすら聞いたことはなかったので——こんな演説を聴かされて驚いた」「おかげで私の眼界は開けた。おそらくこの時から私の心にデモクラシーの思想が芽生えそめたのであろう」（前掲書）

一九〇一（明治三十四）年には平民新聞の幸徳秋水、片山潜、堺利彦らと社会民主党の結成に参加し、日露戦争では非戦論を展開します。また『火の柱』『良人の自白』など社会主義小説の代表作を残しています。

社会運動家としての木下の名声は高まり、彼の演説や著作から影響を受けた人は少なくありませんでした。武者小路実篤や神近市子などもそのことを書き残していますが、その他無名の若者や市民たちに大きな影響を与えています。

人は文明の主人ではなくして、却《かえ》って文明の奴隷となって居る

冒頭のこの言葉は、その自伝『懺悔』の中に書かれたものですが、廃娼運動や足尾銅山鉱毒問題、普通選挙運動など時代の難題や、近代化の歪みの提起する課題に真剣に取り組んだ、木下の叫びのように聞こえます。一九二二（大正十一）年には、『田中正造翁』を刊行しています。そして、一九三七（昭和十二）年、東京・滝野川の自宅で亡くなりました。享年六十九歳でした。その前年には二・二六事件、この年には日中戦争が起こり、翌年には国家総動員法が成立します。かつて木下らが精魂を傾けたジャーナリズムや社会運動は、桐生悠々ら一部の人々の活動を除いて、沈黙の時代を迎えます。

木下と同様、文明や近代化に対する疑問を投げかけた人物の言葉の一つを引いておきます。

西洋開化は利欲の開化なり。利欲の開化は道徳の心を損じ、風雅の情を破り、人身をして唯一箇の射利器械たらしむ。（岡倉天心『「書は美術ならず」の論を読む』）（「射利」とは手段を択《えら》ばず利益を得ようとすること＝注）

ジャーナリズムや社会運動を通じて、現代社会批判、現代文明批判を展開した木下に対して、芸術運動の立場から、機械文明を批判した人物に、柳宗悦がいました。冒頭の言葉は、その著『雑器の美』から採ったものです。

柳宗悦は一八八九（明治二十二）年、東京生まれ。学習院在学中に志賀直哉らと「白樺」を創刊します。一九一三年、東京帝国大学哲学科卒業後、来日したイギリスの陶芸家バーナード・リーチを知り、終生の親交を結びます。その後、千葉県の安孫子に転居しますが、この地には、やがて志賀直哉、武者小路実篤ら白樺派の面々が移住し、旺盛な創作活動を行いました。陶芸家の濱田庄司との交友も、のちにこの地で始まります。

一九一五（大正四）年、朝鮮に旅行してその美術に心を奪われ、一九二四（大正十三）年、京城（現・ソウル）に朝鮮民族美術館を開設します。前年の一九二三（大正十二）年には甲州で目にした仏像の美しさに惹かれ、その作者木喰五行明満《もくじきごぎょうみょうまん》を見出しました。

やがて民衆の暮らしの中から生まれた雑器の美に注目し，民衆的工芸という意味で「民芸」なる語を創りました。そして、富本憲吉、濱田庄司、河井寛次郎らを知り、一九二六（大正十五）年「日本民藝美術館設立趣旨」を発表し、一九三一～五一（昭和六～二十六）年、民芸運動の機関紙ともいえる雑誌「工藝」を刊行し、「用と美が結ばれるものが工芸である」と主張します。一九三六（昭和十二）年には東京駒場に日本民藝館を創設し初代館長をつとめます。その後も終生、民芸運動の先頭に立って、その振興につとめました。

冒頭の文章を含む一節を、『雑器の美』から引いておきます。

> 機械が人を支配する時、作られるものは冷たく又浅い。味わいとか潤おいとか、それは人の手に托されてある。その雅致を生み、器の生命を産む面の変化、削りの跡、筆の走り、刀の冴え、かかるものをまでどうして機械が作り得よう。機械には決定のみあって創造はない。

機械の生む美には限界がある、そこに創造はない、とまで言い切っています。そして、無名のもの、平凡な暮らしの中にこそ美があるのだと、次のように語ります。

自からは美を知らざるもの、我に無心なるもの、名に奢《おご》らないもの、自然のままに凡《すべ》てを委ねるもの、必然に生れしもの、それ等のものから異常な美が出るとは、如何に深き教えであろう。（中略）「雑具」と呼びなされたそれ等の器こそは、「幸あるもの」、「光あるもの」と呼ばるべきであろう。天は、美は、既にそれ等のものの所有である。

見棄てられたもの、平凡なものの中に、新しい美の発見があるのだと語る柳宗悦の言葉には、強い説得力があります。効率と成果のみを求める文明の発展は、そうしたものを切り捨ててきた歴史でもありました。先の木下尚江や岡倉天心の言葉は、この柳宗悦の言葉とどこか響き合うところがあるように思います。

最後に、多磨霊園で出会った作家・中島敦の言葉を付記しておきます。

着物を着るようになって、人間の皮膚が弱く醜くなった。乗り物が発明されて、人間の脚が弱く醜くなった。文字が普及して、人々の頭は、最早、働かなくなったのである。

（『文字禍』）

〝失ったものの大切さ〟に気づく

急いで先進国に追いつこうとして、大事なものを、捨ててはならぬものを随分落として来たのではないかとも考えていた。進むことも大事だが、落としてきたものを拾う仕事も大事だと思っている。
——今日出海《こんひでみ》

人智におもいあがっている人間は何時《いつ》かその為め酷《ひど》い罰を被《こうむ》ることがあるのではなかろうか。
——志賀直哉

近代化の中で、人々は何か大切なものを見失ってしまっているのではないか。進歩信仰の中で謙虚さを失った人類は、いつかそのための報復を受けることになるのではないか。そんな疑問を提起した二つの言葉を見てみます。

冒頭の言葉は明治百年の祝賀ムードの中で、冷静さと自省を促す今日出海の言葉です。

今日出海は一九〇三（明治三十六）年、北海道の函館市に生まれます。父が郵船会社の船長をしていたことから、その任地が変わるたびに、小樽、函館、横浜、神戸など港町を追って転居しました。

東京へ転居し、暁星中学校に入学、その後、旧制浦和高等学校を経て東京帝国大学仏文科に進みます。同級生には小林秀雄、中島健蔵、三好達治らがおり、恩師の辰野隆らの薫陶を受けました。

一九二八（昭和三）年、大学を卒業しますが、「大学は出たけれど」という言葉が流行語になるほど、このころは就職が困難な時代でした。仏文科出身の九名の同窓生も、研究室に残った中島健蔵を除いてほとんど就職先がない中で、今は母の尽力により遠縁にあたる美術史家の矢代幸雄の世話で、新設された美術研究所に就職しました。

一九三二（昭和七）年、明治大学に文芸科が創設され、講師として勤務しつつ、演劇、映画、文学等幅広い執筆活動を展開しました。そして、戦時体制が急速に強まるなか、軍の報道班員として、多くの作家たちとともに南方地域へ派遣されます。二度目の派遣は、一九四四（昭和十九）年、フィリピンでした。ちなみに、大岡昇平も同じ年にフィリピンのミンドロ島に派遣されています。今は報道班員でしたが、大岡は一兵卒として過酷な戦場に投入されました。その体験をもとにして書かれたのが、『レイテ戦記』『俘虜記』であることはよく知られているとおりです。

今がフィリピンに到着した一週間後には米軍が上陸し、今らは山岳地帯へ逃れ、およそ半年の間、死と向き合いながらジャングルを放浪しました。

戦後は明治大学を退職し、しばらく蟄居《ちっきょ》生活を送っていましたが、旧知の関口泰に誘われて文部省の文化課長をつとめ、文部行政にかかわることとなります。敗戦後の貧しい生活の中で、国民は経済的にも精神的にも疲弊の極みに達していました。そんな中で、今が発想したのは芸術祭開催でした。

今の長女まど子によると、今のこの発想は当時の大蔵省主税局の責任者池田勇人に、こんな時期に芸術祭等はけしからんと反対されましたが、今は自身の主張を貫き、実現させました。

使命感に燃えて文化行政に取り組む一方、創作活動について見ると、一九五〇（昭和二十五）年には、『天皇の帽子』で第二十三回の直木賞を受賞しています。

また、文部行政とのかかわりでいえば、文化課長のあと芸術課長をつとめ、病気のため退職しますが、のちに創設された文化庁の初代長官に就任しています。

今は自身の生涯を振り返りながら、その自伝の最後のほうに次のように書いています。冒頭の言葉は、この中の一節です。

私は昨年明治百年の記念式典に参列して、日本人の百年の功績をえらいものだと思いながら、また同時に急いで先進国に追いつこうとして、大事なものを、捨ててはならぬものを随分落として来たのではないかとも考えていた。進むことも大事だが、落としてきたものを拾う仕事も大事だと思っている。（『私の履歴書』）

この短い言葉の中にも、今が作家として活動しつつも、行政官としてその柔軟な発想とリベラルな姿勢を堅持し、独自な道を歩いた稀有《けう》の人物像と、その高い見識を読み取ることができるように思います。

同時にまた、あの小林秀雄とも終生の交友を続けた、今の知性と懐の深さも、刮目《かつもく》に値するものと思われるのです。

冒頭の志賀直哉の言葉は、今日出海の言葉が書かれた昭和四十年代よりもずっと前に書かれたものですが、人智の傲慢《ごうまん》さに反省を促すようなその言葉は、近代化を急ぐあまり大切なものを失ってきたという今日出海の言葉と、どこか重なるように思います。

志賀直哉は一八八三（明治十六）年、銀行員であった父の勤務先の宮城県石巻市に生まれました。やがて東京に転居し、学習院に入学します。このころ内村鑑三の教えを受けていますが、その後キリスト教を離れます。この学習院時代には、生涯交友関係が続く武者小路実篤と出会います。また、このころ足尾銅山鉱毒問題で父と対立、また自身の結婚問題で父が反対したこともあって、以降この父子は確執を続けることになります。

一九〇六（明治三十九）年、東京帝国大学に入学しますが、一九一〇（明治四十三）年に中退し、この年、武者小路実篤、有島武郎らと雑誌「白樺」を創刊します。その創刊号に「網走まで」を発表します。

その後、一九一二（大正元）年、父との対立を描いた『大津順吉』を発表、文壇での地位を確立することになります。

しかし、この年には父との不和が原因で広島県尾道市に転居しています。

一九一五（大正四）年には、白樺派の同人であった柳宗悦の勧めで、千葉県我孫子に移住します。この地を拠点にした白樺派の作家たちも多く、志賀はここで武者小路実篤やバーナード・リーチらと親交を結んでいます。

そして、一九一七（大正六）年には、代表作の一つである「城の崎にて」を雑誌「白樺」に発表、そして父との和解を描いた『和解』を発表し、長年の父との不和が解消されることになります。

一九三七（昭和十二）年には唯一の長編である『暗夜行路』を完成させ、刊行します。

この作品には、志賀のあるメッセージが込められているように思います。それを物語るのが冒頭にあげた言葉です。

冒頭の言葉は、その『暗夜行路』の後編の部分で、主人公、時任謙作が長い苦悩の果てに、鳥取県の大山《だいせん》に登るところにあります。その言葉を含む部分を引いておきます。

彼は青空の下、高い所を悠々舞っている鳶の姿を仰ぎ、人間の考えた飛行機の醜さを思った。（中略）人間が鳥のように飛び、魚のように水中を行くという事は果たして自然の意志であろうか。こういう無制限な人間の欲望がやがて何かの意味で人間を不幸に導くのではなかろうか。人智におもいあがっている人間は何時《いつ》かそのため酷《ひど》い罰を被《こうむ》る事があるのではなかろうかと思った。

志賀はまたほかのところでも、科学の暴走と人智の傲慢さを危惧する言葉を遺しています。たとえば、

今の時代では色々なものが非常な進み方をしている。進みすぎて手に負えず、どうしていいか分らずにいる。思想の対立がそれであり、科学の進歩がそれである。

科学が無制限に発達するという事が困る。人間の特性というものは、これに伴って、進歩しないものだから。

（『わが生活信条』）

現代の大きな課題である原子力や核兵器の問題、近年のＩＴ社会の急速な進展、ネット社会のもたらす新しい犯罪や事件、そんな現実を見るとき、この志賀の抱いた危惧が、まさに現実のものとなっていることに驚かされます。

人間の限りない欲望が人間の不幸を招く――それは経済発展至上主義とそれを支える科学技術信仰への危惧と批判という、人類が当面している現代の課題と重なるように思います。

第六章　時代を斬り、世相を切る

権力のメディア支配を許すな

この頃は夕餉《ゆうげ》の折にも夕刊新聞を手にする心なくなりたり。時局迎合の記事論説読むに堪えず。文壇劇界の傾向に至っては寧《むし》ろ憐憫《れんびん》に堪えざるものあればなり。

——永井荷風

五月一杯苦しい日々がつづいた。私は警察に来た日に、三つの誓をたてていた。早く帰りたいと思わない、自分をいやしくしない、健康に気をつける、であった。早く帰りたいという気を起せば必ず彼らに屈服してしまう。

——小林勇

『断腸亭日乗』は永井荷風の代表作の一つですが、冒頭の言葉は日本が太平洋戦争へ突き進む時代の世相や時局についての記録です。後者は、同じ時代、出版人に対する弾圧で警察に拘留されたときの、岩波書店の小林勇の記録です。

いずれも暗い時代のメディアをめぐる体験の貴重な記録となっています。

永井荷風は一八七九（明治十二）年、東京生まれ。高等師範学校付属中学校を経て東京外国語学校に入学、しかしその後中退、広津柳浪に入門し、小説家を志します。

一九〇三（明治三十六）年にアメリカ、ついでフランスに渡り、帰国後『あめりか物語』『ふらんす物語』『深川の唄』『すみだ川』などを発表します。ほかに『つゆのあとさき』『濹東綺譚』などがありますが、一九一七（大正六）年から一九五六（昭和三十一）年までの四十二年間に及ぶ日記『断腸亭日乗』は、文芸作品としてはもちろん、時局と世相を見つめる冷静で批判的な眼差しから、時代の貴重な記録となっています。

冒頭の言葉は一九四〇（昭和十五）年十月十五日の日記で、この前後には戦時体制の強化が進み、国家総動員法が公布されたのが一九三八（昭和十三）年、官製の国民統合組織である大政翼賛会が発足したのが一九四〇年で、同じ年に言論統制の中心機関となる内閣情報局が創設されています。文化、芸能活動にはさまざまな介入や圧力が加えられました。演劇活動にとっても試練の季節でした。

先の言葉とあわせて、同様の記録を引いておきます。

この頃は夕餉の折にも夕刊新聞を手にする心なくなりたり。時局迎合の記事論説読むに堪えず。文壇劇界の傾向に至っては寧ろ憐憫に堪えざるものあればなり。

（昭和十五年十月十五日）

今秋国民兵召集以来、軍人専制政治の害毒いよいよ社会の各方面に波及するに至れり。（中略）今日の軍人政府の為すところは秦の始皇の政治に似たり。国内の文学芸術の撲滅をなしたる後は必ず劇場閉鎖を断行し債券を焼き私有財産の取り上げをなさでは止まざるべし。斯《か》くして日本の国家は滅亡するなるべし。

（昭和十八年大晦日）

言論統制の中で、メディアがジャーナリズムとしての使命を放棄していく実態を、読者の目で記録し、批判しています。

またここで「文壇劇界の傾向」と書かれた部分に関連して、俳優・東野英治郎と歌手ディック・ミネの体験にふれておきます。

東野は、一九四〇（昭和十五）年には劇団が当局の圧力で強制解散させられ、治安維持法違反容疑で検挙、淀橋警察署に留置され、およそ十か月後に釈放されるという過酷な経験をしています。

日・独・伊三国同盟が成立、大政翼賛会が発足した一九四〇年あたりからは、戦時体制一色となります。

この年には内務省によって芸名の改名が指示されました。外国人とまぎらわしいカタカナ文字などの芸名、ミス・ワカナ、ミス・コロンビアなどとともにディック・ミネの芸名も使えなくなり、やむを得ず、「三根耕一」と改名しました。同時にダンスホールも禁止され、ミネの活躍の場は大きく制約されました。翌年には太平洋戦争も勃発し、苦難の時代が続きました。文字どおり、ディック・ミネの歌手人生は昭和の戦時体制とともにスタートし、歩んできたことになります。

また、当時豪速球で鳴らしたプロ野球のスタルヒン投手も須田博と改名しました。

荷風が過激に語ったとおり、思想やジャーナリズムのみならず、あらゆる文化芸能、国民生活が戦時統制下に置かれたのでした。

荷風の墓は雑司ヶ谷霊園にありますが、東野英次郎、ディック・ミネ、そしてスタルヒンの三人はいずれも多磨霊園に眠っています。三人の墓をめぐりながら、荷風の言葉とその時代に思いを馳せるのも感慨深いひとときとなります。

出版人としての志を貫いた小林勇も、時代の犠牲者となった一人です。

小林は一九〇三（明治三十六）年、長野県の農家に生まれました。地元の高等小学校、赤穂公民実業学校の商業部を卒業後、家業の農業を手伝います。この農業が、小林にとっては得がたい体験となりました。師範学校に進んだすぐ上の兄の影響で文学に興味を持ち、武者小路実篤や石川啄木に熱中します。そして、上京への夢をふくらませます。

やがて父の許しが出て上京し、すでに東京で編集者の仕事をしていた長兄のところに滞在します。そして、本好きの小林に対して兄は書店勤めを勧め、神保町の岩波書店に連れて行きます。創業後七年というまだ規模も小さい岩波でしたから、そのまま店主岩波茂雄の面接を受け、採用が決まりました。一九二〇（大正九）年四月、小林十七歳のことでした。

最初は小売部に配属され、住み込みで働きました。仕事のかたわら夜学に通い、文学に親しみました。当時、岩波書店は哲学叢書や漱石全集で出版界に確固たる地位を占めていました。小林は直接編集の仕事にはかかわらなかったのですが、作家や学者たちと接触する機会があり、そこから多くのことを学びました。

その後、営業部から出版部へ異動になります。二十二歳のときでした。かねてから興味を持っていた本作りの現場に移り、小林は精力的に仕事に取り組みました。多くの作家たちと交渉する機会が多く、そうした人脈が小林の財産となりました。

先の岩波茂雄のところでも書きましたが、やがて「岩波文庫」が創刊されます。

小林はこの「岩波文庫」の草創期に、昼夜を分かたず精力的にその仕事に取り組みました。のちに小林は、それが自身の出版者としての生涯に重要な意義を持つものであったと語っています。「岩波文庫」は発売と同時に爆発的に売れ、順調に伸びていきました。

しかし、日中戦争が起こり戦時体制が急速に強まる中で、メディアへの検閲と弾圧もまたいっそう厳しくなりました。そして太平洋戦争が始まると、当局の拷問により三人の死者を含む多くの犠牲者を出しました。

その逮捕者の中に小林もいました。小林に対してもまた、執拗な拷問が続きました。少々長くなりますが、冒頭の言葉を含む小林の手記を引用しておきます。

五月一杯苦しい日々がつづいた。私は警察に来た日に、三つの誓をたてていた。早く帰りたいと思わない、自分をいやしくしない、健康に気をつける、であった。早く帰りたいという気を起せば必ず彼らに屈服してしまう。そうはいっても家のこと、店のことを思う。私は〈何処にいても同じだ〉ということを改めて自分にいいきかせた。

（『一本の道』）

特高（特別高等警察）による取り調べがいかにひどいものであったか、小林の手記を続けて見てみます。

「七月一杯休んでいた取調べが、八月になってまた始まった。今度も拷問がつづいた。（中略）三、四日頃、あいかわらずやられている時、検事が私に会いに来たと報せがあった。特高は慌てて取調べをやめて、私を留置所へ返して逃げた。（中略）私は刑事にいって、便所に行き、ゆっくり少用をたした。洗面所の鏡で見ると、私の顔はひょっとこのようにはれ上がり、血だらけになっている」

過酷な取り調べの実態と、それに堪えた小林の毅然たる態度を読み取ることができます。この事件（横浜事件）は、特高警察の捏造による、多くの犠牲者を出した言論弾圧事件でした。一九四五（昭和二十）年、敗戦の日から二週間たった八月二十九日、ようやく小林は釈放されたのでした。

小林はいま、先の岩波茂雄とともに、鎌倉東慶寺で静かな眠りについています。小林が、あの不条理な事件の被害者であったことを知る人も、少なくなりました。

威武に屈せず、富貴に淫せず

予は危険人物なり
威武に屈せず、富貴に淫せず、過激にして愛嬌あり

——宮武外骨《みやたけがいこつ》

蟋蟀《こおろぎ》は
鳴き続けたり
嵐の夜

——桐生悠々《きりゅうゆうゆう》

言論やジャーナリズムの危機が叫ばれ、その志が問われている今、異色とも、反骨ともいわれる二人のジャーナリストに注目してみます。明治・大正・昭和を生き抜き、政治家や権力者の腐敗を問い続けた宮武外骨と、昭和の前半、日本が戦争に一気に突き進むなか、一貫して軍部批判を続けた桐生悠々の二人です。

宮武外骨は一八六七（慶応三）年、讃岐国（香川県）に生まれます。明治維新の一年前です。四男であったため亀四郎という名前でしたが、亀が「外骨内肉」であるということに因《ちな》んで、一八八四（明治十七）年、外骨と改名しました。

十八歳で、雑誌作りに憧れて上京し、一八八七（明治二十）年に「頓智協会雑誌」を創刊しましたが、三年後に二十八号で憲法発布を諷刺したため、不敬罪で三年を獄中で過ごしました。出所後は「頓智と滑稽」「骨董協会雑誌」などの創刊にかかわりますが、一九〇一（明治三十四）年、大阪で滑稽新聞を創刊、処罰をも辞さない確固たる意思で政治家や官僚を攻撃し、多くの読者の圧倒的支持を得ました。そのため政府からは監視と弾圧を受け、再三の発行禁止、検挙、投獄を受けましたが、外骨は徹底抗戦し、雑誌や新聞を使ってこれに抵抗しました。生涯を通じて発禁二十回、罰金十六回、入獄二回という数字は、文字どおり反骨のジャーナリストとしての存在の大きさを物語るものといえます。

そんな外骨は危険人物と目されましたが、自ら『予は危険人物なり』などの著書を著し、冒頭の「威武に屈せず、富貴に淫せず……」などの言葉を遺しています。その著書をもとに、外骨の言葉をいくつか引いておきます。

外骨は、世人は自分を危険人物と称しているが、実際は悲憤慷慨《ひふんこうがい》、経世憂国の情から志士として発言しているのだと語り、「月刊不二」第九号で次のように書いています。

官吏は国家の雇人なり、したがって国民は悪官吏に対して攻撃を加うべき権利を有しているのである。しかるに、真の悲憤慷慨国家的観念、経世憂国の熱情から出る志士の言論、例せば悪大臣の私曲、悪知事の収賄事実を攻撃すると、旧弊思想の悪吏共は、それを曲庇せんがために、秩序紊乱という国法を濫用して、吾輩を禁固刑に処したような事がある、再び言う「ヘン、どちらが危険人物か」。

この時代は日本の議会政治もまだ未成熟であり、新聞・雑誌などのメディアも発展途上で玉石混交であり、社会的批判を受けるものも少なくありませんでした。そんな中で、外骨は権威に屈しない独自の反骨のジャーナリストを目指します。彼は滑稽新聞についてこう語ります。

非常の熱心と非常の胆力で極めて過激に極めて痛快な記事を載せ所謂《いわゆる》日本一の新聞を拵《こしら》えて社会の実益と自己の存立を計《はか》るには、従来の新聞の真似事などをしていては到底ダメである、都合の好い時ばかりの大言や、読者招きの看板のみでなく、実際、行住不断《ぎょうじゅうふだん》に、威武に屈せず、富貴に淫せず、ユスリもやらず、ハッタリもせずの精神で、強がり者イジメ、詐欺屋征伐等。直言直筆をやって、記事の主旨を貫通せしめる様にせなければならぬ。

（『新編・予は危険人物なり』）

この外骨の言葉は、「威武に屈せず、富貴に淫せず、過激にして愛嬌あり」と書かれたものもあります。さらにこう続けます。

今日の社会は腐敗の上に腐敗を重ね、堕落の下にまた堕落しているのであるから、普通平穏の忠告文メキたる事やアテコスリ位ではその記事の効能が現れない、面の皮の厚い奴が多いのであるから法律の許す限りは極めて過激に、極めて痛酷にやらねばならぬ。

外骨の語るところ、どこか今の時代と重なるものを感じさせ、そしてまたその筆鋒の鋭さにも驚かされます。

権威と闘い、時代に流されず、毅然として自らの生き方とジャーナリズムの志を貫いた宮武外骨という人物とその遺した言葉は、政治をめぐるさまざまな問題が噴出し課題が山積する現代のジャーナリズムにとって、銘記すべきものであるといえます。

桐生悠々の言葉に出会ったのは、多磨霊園の悠々の墓域でした。

黒御影の石碑に白い文字で鮮明に刻されていたのが、冒頭の言葉でした。

昭和初期から十年代にかけて軍部勢力が拡大し、戦時体制が急速に進み、言論統制が加速するなか、在野のジャーナリストとして時代に抗《あらが》い、あるいは時代に翻弄《ほんろう》されつつも自身の信念に生きた悠々の言葉との出会いは印象的でした。

蟋蟀《こおろぎ》は　鳴き続けたり　嵐の夜
悠々

蟋蟀とは、もちろん、時代に抗して戦い続けた悠々自身のことです。

桐生悠々は一八七三（明治六）年、金沢市生まれ。東京帝国大学法科卒業後、下野《しもつけ》新聞、大阪毎日新聞などの記者をつとめた後、信濃毎日新聞の主筆となりました。一貫して反体制、反戦の姿勢を貫き、一九三三（昭和八）年に執筆した社説「関東防空大演習を嗤《わら》う」で、軍や民間が一体となって実施した大防空訓練を厳しく批判しました。

この記事の中で悠々は、そもそも敵機を関東の空に、帝都の空に迎え撃つ事態ということは日本の敗北につながるものではないかと主張したのです。この記事が軍部の怒りを買い、退社しました。

退社後の一九三四（昭和九）年、名古屋で個人雑誌「他山の石」を発刊、軍部批判を続けました。その「他山の石」に「緩急車」という欄を設け、悠々はそこで時事を論じました。その

「緩急車」欄を設けるにあたって書いた文章の中に、次のような一節があります。

新聞記者生活三十余年、しかも到るところに孤軍奮闘の大悪戦を続け、今漸く囲《かこみ》を潰《つい》えて帰り来り、遙に一百里程塁壁の間を顧れば、我剣は折れ我馬は倒れている。かくして彼はあわれにも秋風 屍《しかばね》を故郷の山に埋むるや否や。

このように書いた後に、先の一句「蟋蟀は　鳴き続けたり　嵐の夜」が続いています。『抵抗の新聞人　桐生悠々』の中で、井出孫六は、「〈記者生活三十余年の〉経験から、前に出れば撃たれることは重々承知していた。しかし、嵐の前に生けるものすべてが声をひそめるとき、声をかぎりに鳴きつづける蟋蟀に己を擬せずにはいられなかった」と書いています。

実際、「他山の石」は再三発禁処分を受けました。太田雅夫氏によると、「他山の石」の発禁・削除処分は都合二十七回、およそ六冊に一冊が処分の対象となり、月二回発刊ですから、悠々は三か月に一回の頻度で愛知県特高課に出頭を命じられたということになります。

そして悠々は、それまで八年続けてきた雑誌形式の「他山の石」を新聞形式に変えて発刊しましたが、それもいよいよ廃刊を逃れられないという状況に至ります。その読者宛の廃刊の挨拶（一九四一年）の中には悠々の痛恨と無念が滲《にじ》み出ています。

もともと悠々は慢性の咽喉カタルを発症していましたが、この年になってそれが急速に悪化し、流動物すらのどを通らなくなりました。喉頭がんでした。手術を拒否した悠々は、最後の「他山の石」が読者のもとに届いたその日（九月十日）に、六十八年の波乱の生涯を閉じました。

あらためて悠々の墓碑の前に立ち、そしてその言葉や評伝を読み直すとき、今の時代状況とジャーナリズムのありように思いを致したのでした。

言葉が切る世相

一億総白痴化、一億総評論家

——大宅壮一

老人力　墓活

——赤瀬川原平

優れたノンフィクションのみならず、独自の文明批評、人物批評などで一世を風靡《ふうび》したジャーナリスト大宅壮一は、卓越した造語の名手でもありました。

大宅の「一億総白痴化」という言葉が語られて半世紀以上もたちましたが、いまだにこの言葉は忘れられていません。現代のテレビは、この大宅の言葉を乗り越え得たのでしょうか、それともさらなる劣化の道をたどっているのでしょうか。

大宅壮一は一九〇〇（明治三十三）年、大阪府の富田村（現・高槻市）に生まれます。父が大酒飲みで家業（醸造業）に専念しなかったため、壮一は小学生のころから肩曳き車で醤油の配達をするなど、家業を助けました。

高等小学校を卒業するころ、壮一にとって人生を一変させるような偶然に遭遇します。たまたま遊びに来た同級生に勧められて受験した中学校（旧制）入試に合格したのでした。家業を継ぐか、商人になるはずの人生が急転する契機となったのです。

こうして進学した茨木中学時代、壮一はあの歴史的な大事件「米騒動」に遭遇します。まさにこの事件の目撃者、体験者となったのです。壮一は、その自伝の中で「三日三晩、私はほとんど寝ないで、銃剣の下をくぐりながら、大阪、神戸の富豪襲撃の現場を見て歩いた。さすがに先頭に立って突撃するほどの勇気はなかった」と書いています。のちに「偉大な野次馬」と称された、ジャーナリスト大宅の「現場主義」の萌芽を見ることができるようにも思います。

この事件の衝撃は大きく、壮一は学校で米騒動を煽動《せんどう》するような演説をしたということで退学処分になります。

しかし、そのままで終わる大宅ではありませんでした。その後、検定試験を受けて、その難関を突破し、三高（第三高等学校）に入学、そして東京帝国大学文学部へと進みます。この三高から東京帝大時代には多くの友人と交わり、また多くの先達の影響を受けます。

その中で、川端康成とは茨木中学時代の先輩後輩の関係にありましたが、東京帝大時代、川端らの同人誌に投稿したりしたことがありました。その後住んだ阿佐ヶ谷では、偶然隣同士に住むという奇縁もありました。

東京帝大三年生に四年間在籍しますが、結局退学することになります。茨城中学も東京帝大も、中途退学という〝名誉〟ある経歴には、いかにも大宅らしい一つの枠に収まり切らないスケールの大きさを見ることができるように思います。
その後、翻訳、執筆など、多彩な文筆活動を展開し、精力的に作品を発表します。

戦後は幅広い視野と、独自の視点から精力的な評論活動を展開し、ジャーナリズムの世界に颯爽《さっそう》と登場し、マスコミの寵児《ちょうじ》となります。

一九七〇（昭和四十五）年には「大宅壮一ノンフィクション賞」を創設、以降気鋭の作家を顕彰し、また大宅の膨大な蔵書を収納した「大宅壮一文庫」は、研究者はもちろん、ジャーナリスト、一般市民の貴重な財産となっています。

また、大宅は、時代や世相を鋭く切り取った多くの造語の名手としても知られています。

「一億総白痴化」と「一億総評論家」――いずれも当時急速に伸びてきたテレビのもたらす社会現象を切った言葉です。「一億総評論家」は、テレビの普及とともに新しく生み出されたさまざまな〝評論家〟と名づけられた人種の出現と、視聴者参加番組などが相次いで生まれ、誰もがテレビで発言する時代が来たことを、短くきりりと表現したフレーズです。

「一億総白痴化」は、当時のテレビの惨憺《さんたん》たる現実を目の当たりにして、以後大きな影響力を持つであろうこの新しいメディアのありように警鐘を鳴らしたもので、今でもテレビについて語られるとき、よく引用されます。大宅がこの言葉を作ったのは一九五六（昭和三十一）年、まだテレビの草創期でした。それからおよそ六十年余り、テレビは一つの時代を創り、文化を育て、秀れた番組や遺産を残しました。

しかし、大宅が危惧したように、その劣化もまた進行しました。

メディア環境の急速な進展の中で、テレビはもはやオールドメディアとなってしまったように思われます。しかし、大宅の遺したこの名文句はいまだ色褪《あ》せているとは思えません。

いま、バラエティ・タレントが席巻するテレビ。教養番組にまでお笑い芸人があふれ、それが面白さなどというとんでもない誤解、一部の真摯《しんし》な制作者を除いて、志なき番組を垂れ流す制作者の劣化、強まる政治の風圧に批判精神を失った報道、こうした荒涼たる風景を目にして、大宅はどういう言葉を発するか、やはり聞いてみたい気がします。


ベストセラー『老人力』で知られ、美術家であり芥川賞作家でもある赤瀬川原平は、大宅と同様造語の名手で、言葉の達人でもありました。

赤瀬川は一九三七（昭和十二）年、大分県に生まれます。本名克彦、父親は倉庫会社勤務で、各地を転勤しています。大分市で中学校を卒業、県立舞鶴高等学校に入学しますが、二か月で父親の転勤に従い、愛知県立旭丘高等学校美術科に転校します。

同校卒業後、武蔵野美術学校（現・武蔵野美術大学）に進学しますが、やがて中退します。

一九六〇（昭和三十五）年、美術家・篠原有司男や荒川修作らと「ネオ・ダダイズム・オルガナイザーズ」を結成、そして前衛芸術作品の創作活動を続けます。

さらに尾辻克彦の筆名で小説を執筆、一九八一（昭和五十六）年には『父が消えた』で第八十四回芥川賞を受賞しています。

一九九六（平成八）年の『新解さんの謎』は、辞書を引くものから読むものへ捉え直し、辞書の魅力を再発見するもので、その活動の幅は比類のないほどです。

そして、加齢による衰退現象を、「老人力がついた」と肯定的に捉え直した『老人力』は、その新鮮な逆転の発想が大きな話題となりました

老人力という言葉は、もともと友人の建築史家・藤森照信らが還暦を過ぎた赤瀬川に贈った言葉とされていますが、赤瀬川の著『老人力』は、老人をボケたとか、老化したというマイナスイメージから、年輪を重ねて、忘れる力がついてきたというプラスイメージに変える画期的なものとして、広く受け入れられました。この本はたちまちベストセラーとなり、この言葉は社会現象を生みました。

ともかく、一見「負」のイメージのものを、新たな「正」のエネルギーに転換する、その逆転の発想の鮮やかさには脱帽するばかりです。

この言葉は多くの高齢者たちには自信を与え、その周辺の人たちには、年輪を重ねた高齢者を見る眼の転換を促す役割を果たしました。

しかし、それから二十年以上の歳月を経てさらなる高齢化が進行するなか、高齢者たちの尊厳が尊重される時代が到来しつつあるとは到底いえそうにありません。

もう一つ、赤瀬川の造語「墓活」という言葉についてふれておきます。

墓活とは墓地や墓石の選定など、墓作りのための活動のことです。文字どおり『墓活論』という著書では、彼自身の墓活の経験が詳しく語られています。

赤瀬川は、東京で暮らしていた両親が亡くなったとき新しく墓地を探すことになり、どうせ墓参りするなら楽しくて行きたくなる場所がいいと考え、結局鎌倉にすることにしました。そしてチラシを集めたり業者に尋ねたりして選んだのが、東慶寺墓苑でした。

東慶寺を訪ねた赤瀬川は、そのしみじみとした空気と、錚々《そうそう》たる著名人たちのお墓を眼前にして驚きます。かねてから敬愛する小林秀雄、そして谷川徹三、鈴木大拙ら作家や碩学《せきがく》の墓碑に出会い、感銘を受けます。

赤瀬川の自筆年譜によると、すでに、「二〇〇〇（平成十二）年鎌倉東慶寺に藤森照信設計の土まんじゅう型の赤瀬川家の墓が完成」し、同年五月には、「横浜霊園より両親の遺骨を移して改葬する」とあります。

就活、婚活、終活などという言葉はもはや日常的に使われるようになりましたが、家族葬や樹木葬、散骨など、葬儀やお墓の形が変わりゆくなかで、早々に墓活という言葉を造語した赤瀬川の時代感覚は、さすがというほかはありません。

大宅壮一と赤瀬川原平――卓越したジャーナリスティックな眼で時代を読み取り、独自の言葉で世相を切り取り、表現したこの二人には、いま、この視界不良の混沌とした時代がどのように映っているのでしょうか。

第七章　学道と医道

学究の道に、ゴールなく

これからまた（鎌倉の松ヶ岡）文庫に皆がわしをたずねて来るだろう。たずねて来てくれる人はたいてい皆おからだを大事に、と言ってくれるが、本当に大事にしてくれるつもりなら、あんまりたずねて来てくれない方がありがたいな。まだまだ暇がないのだ。

——鈴木大拙

回顧すれば、私の生涯は極めて簡単なものであった。その前半は黒板を前にして坐した、その後半は黒板を後にして立った。黒板に向かって一回転をなしたといえば、それで私の伝記は尽きるのである。
今までは人のために働いたことが多かったが、これからは自らの研究に没頭するのだ。

——西田幾多郎

禅を欧米各国に紹介した世界的な仏教学者鈴木大拙と、禅などの東洋思想と西洋哲学を統合し、「西田哲学」と呼ばれる独自の哲学を構築した西田幾多郎、この二人の碩学は旧制四高（第四高等学校）以来の〝心友〟で、その墓も同じこの東慶寺墓苑内のすぐ近い位置にありました。

鈴木大拙（本名、貞太郎）は一八七〇（明治三）年、金沢藩の藩医良準の四男一女の末っ子として金沢で生まれました。小学校入学後、父を亡くします。やがて石川県専門学校（のちの四高）に進みますが、そこで西田幾多郎と出会い、生涯の友として交友を続けることになります。

しかし、大拙は家計が逼迫《ひっぱく》し授業料を払えなくなり退学、十九歳で小学校英語教師となります。さらに追い打ちをかけたのは、一家を支えていた母の死でした。失意の大拙は、富山県の国泰寺で参禅を試みます。

一八九一（明治二十四）年、二十一歳のとき再び学問を志し上京します。

東京専門学校（現・早稲田大学）に入り英文学を学びますがこれに飽き足りず、このころ、郷里の先輩の早川千吉郎の紹介で、かねて志していた禅を、鎌倉の円覚寺の管長・今北洪川とその後継である釈宗演について学びます。

このころ、夏目漱石もまたこの円覚寺で参禅していますが、大拙は、『私の履歴書』の中で、「その時分、円覚寺の帰源院に夏目漱石が来て参禅をしておって、わしが翻訳したものを見てもらったことがあるな」と書いています。

一八九二（明治二十五）年、二十二歳で東京帝国大学文科大学選科に入学します。

一八九三（明治二十六）年には、釈宗演がシカゴの万国宗教会議に出席しますが、大拙はこのときの宗演の演説の原稿の英訳を依頼されています。

大拙は、一八九七（明治三十）年、宗演の推薦により渡米し、東洋学者ポール・ケーラスが経営するオープン・コート出版社に勤務しながら勉学につとめました。そこで『大乗起信論』や『大乗仏教概論』などを英語で著し、禅文化ならびに仏教文化を海外に広く紹介し、東西の文化交流に尽力し、仏教学者として世界に知られるところとなります。

一九〇九（明治四十二）年、十二年ぶりに帰国、久しぶりに西田との再会を果たします。学習院教授を経て、一九二一（大正十）年、西田らの勧めで真宗大谷大学教授に就任します。以降京都に転居し、京都帝国大学にいた西田らとの交友を続けながら学究生活を続け、仏教と禅を世界に広めるため活動します。

一九四〇（昭和十五）年には、英文で書いていた『禅と日本文化』を岩波新書（北川桃雄訳）として刊行、その序文を西田幾多郎が書いています。そこには、西田の見た大拙の人物像が鮮明に描かれています。

「君は一見羅漢の如く人間離れをして居るが、而も非常に情に細やかな所がある。無頓着の様であるが、而も事に忠実で綿密である。（中略）しばしば堪え難き人事に遭遇して、困る困るといって居るが、何処か淡々としていつも行雲流水の趣を存して居る」

長い交友のある、心友ならではの言葉です。

しかし、大拙は、一九四五（昭和二十）年六月、太平洋戦争敗戦の直前、西田幾多郎の訃報に接します。大拙はその遺骸の前で号泣したといいます。

大拙は、「西田が死んで話し相手がなくて困る、淋しい」と手紙に書いています。

大拙についてとくに注目されるのが海外での活躍です。

西欧では伝統的価値観への懐疑や不安から東洋思想への関心が高まり、「禅ブーム」が起こり、大拙の名は世界に知られるようになりました。

大拙は、最晩年になっても学びへの志は衰えを見せず、次のような言葉を残しています。

これからまた（鎌倉の松ヶ岡）文庫に皆がわしをたずねて来るだろう。たずねて来てくれる人はたいてい皆おからだを大事に、と言ってくれるが、本当に大事にしてくれるつもりなら、あんまりたずねて来てくれない方がありがたいな。まだまだ暇がないのだ。

（前掲書）

冒頭に掲げたのはこの言葉です。大拙の率直な本音が語られていますが、その恐るべきエネルギーと知的探究心の強靭さには、圧倒されるばかりです。

大拙は晩年鎌倉に住み、自ら創設した松ヶ岡文庫で研究を続けましたが、一九六六（昭和四十二）年に死去します。九十六歳という長い生涯を全うし、学界のみならず、日本文化に計り知れない遺産を残しました。

東慶寺の大拙の墓のほど近くに西田幾多郎の墓があります。長年の心友であった二人の碩学が、こうして終《つい》の住処《すみか》も同じくしている姿に感慨深いものがありました。

西田の名は、彼がよく歩いた京都の琵琶湖疏水沿いの「哲学の道」でも知られています。

西田は一八七〇（明治三）年、石川県宇ノ気町（現・かほく市）に生まれました。小学校卒業後、石川県師範学校を経て石川県専門学校（のちの四高）に学びます。先に書いたように、ここで鈴木大拙と出会います。この四高時代は、将来の方向を哲学に定めた時期でもあり、西田自身「私の生涯において最も愉快な時期であった」と語っています。しかし、「青年の客気に任せて豪放不羈《ごうほうふき》、何の顧慮する所もなく振舞うた」結果、ここを中途退学することになります。その後、東京帝大の哲学科選科に学びます。

東京帝大選科終了後、山口高等学校教授を経て、金沢の母校四高の教授となります。この四高時代は、「金沢にいた十年の間は私の心身共に壮《さかん》な、人生の最もよき時代であった」と語るとおり、公私ともに充足の時代でした。西田は西洋哲学の研究に没頭するとともに、大拙の影響で禅を学びます。洗心庵の雪門老師らに学び、座禅に専念し、やがて「寸心」居士の号を受けます。一九一〇（明治四十三）年、京都帝大の助教授となり、やがて教授に就任します。

一九一一年（明治四十四）年、近代日本哲学の最初の独創的著作となる『善の研究』を刊行します。これは座禅の修行をつとめつつ四高で学生に講義した講義録をまとめたもので、純粋経験などのキーワードをもとに、西洋近代哲学と自身の座禅体験に基づく東洋的思想、心性を総合した独自の哲学体系を目指したものです。これは当時の青年や知識人など多くの人々に大きな影響を与えました。

しかし、一方で若いころから、生家の没落や相次ぐ家庭的不幸、離婚等を経験し、苦悩の日々を送りました。一九一八（大正七）年には母・寅三が死去し、その翌年には妻の寿美が倒れて長い闘病生活に入り、続いて長男・謙の病死や娘たちの入退院が続くなど、度重なる不幸に暗澹《あんたん》たる日々を過ごしました。

そのころ作られた西田の歌を引いておきます。

妻も病み子等亦病みて我宿は夏草のみぞ生ひ繁りぬる
子は右に母は左に床をなべ春は来れども起つ様もなし
かくてのみ生くべきものかこれの世に五年《いつとせ》こなた安き日もなし

名著『善の研究』『思索と体験』などを残し、「西田哲学」で知られるあの碩学に、こんな不幸の連鎖の日々があったとは寡聞にして知りませんでした。十八年間に及ぶ京都帝大時代には、三木清や西谷啓治などの哲学者を含め、多くの子弟を育て、独自の西田哲学を樹立しました。

西田が多くの人を魅き付けた背景には、その講義や学問の蘊奥《うんのう》もさることながら、西田の人間性への畏敬の念もあったものと思われます。

西田の心友、鈴木大拙は、西田は思想家としても人物としても近代日本が生んだ偉大なるものの一人であると言いつつ、「彼を一言で評すると誠実でつきる。彼には詐《いつわ》りとか飾りとかいうものは不思議になかった」と語っています（「わが友西田幾多郎」、『文化と宗教』所収）。

まさに誠実で飾らない人柄であったようで、たとえば西田が和辻哲郎の家を訪ねたとき、玄関に出たお手伝いさんが夫人に取り次ぐのに、「変なおじさんが来ています」と言ったという話や、地方講演に行ったときも、迎えに出た人が見逃してしまうほど地味で普段着のままであったという話があります（『大拙と幾多郎』）。

一九二八（昭和三）年、西田は京都帝国大学を定年退職します。退職に際して催された会食の席上で西田が述べた言葉が、「或教授の退職の辞」として残されていますが、そのはじめのほうでこう語ります。冒頭に掲げたのはこの言葉です。

私は今日を以て私の何十年の公生涯を終わったのである。（中略）回顧すれば、私の生涯は極めて簡単なものであった。その前半は黒板を前にして坐した、その後半は黒板を後にして立った。黒板に向かって一回転をなしたといえば、それで私の伝記は尽きるのである。

「黒板に向かって一回転をなしたといえば、それで私の伝記は尽きるのである」という言葉は、きわめて簡潔で切れ味鋭く、しかも味わい深いものであるように思えます。

そして大学を退いたとき、「今までは人のために働いたことが多かったが、これからは自らの研究に没頭するのだ」と言って、思索と著述に専念しました。

冒頭の言葉は、晩年になっても少しの衰えも見せない二人の碩学の、学問に対する飽くなき執念を物語っているように思います。晩年に至っても、さらなる学者としての新たな人生を生きるのだという、決して衰えることのない気概に、響き合うものがあるように思います。

鎌倉の東慶寺の二人の墓前に立ち、およそ六十年に及ぶ深い交友と、その学問への真摯《しんし》な向き合い方に思いを馳せ、深く胸に迫るものがありました。

病気を診《み》ずして病人を診よ

昔の人は、医は仁の術、また、大医は国を治すとは善いことをいう。医の真の在り方は、大衆に健康を保たせ安心して職に就かせて国を豊かに強く発展させる事にある。

――北里柴三郎

病気を診ずして病人を診よ。

我々の目の前には病気が横たわっているのではない、病気を持った人間が横たわっているのだ、ということを忘れてはならない。

――高木兼寛

日本近代医学史の中で、「反骨」「至誠」を貫いた二人の医学者の言葉です。

「東京帝国大学」という権威と闘いながら、近代医学の発展に独自の成果を挙げ、「細菌学の父」と呼ばれた北里柴三郎と、森鷗外を中心とする脚気病原菌説が支配する当時の医学界の中で、脚気栄養説を実証して多くの日本人の命を救った高木兼寛――二人の医学者に出会ったのは、東京の青山霊園でした。

北里柴三郎は一八五三（嘉永六）年、現在の熊本県の山間部にある阿蘇郡小国町の庄屋の長男として生まれました。

数年前九州の中央部を歩いたとき、偶然この小国町を通過することになり、北里柴三郎記念館に出会いました。それはこの山里の静かな雰囲気の中に溶け込み、心安らぐ風情を漂わせていました。そして、この山深い土地から、あの世界的な医学者北里が出たのかという深い思いにとらわれたのでした。

北里は細川藩の藩校の時習館から熊本医学校に学び、一八七五（明治八）年、東京医学校（のちの東京帝大医学部）に入学し、卒業後、内務省衛生局に勤務します。一八八五（明治十八）年ドイツのコッホのもとに留学、細菌学を学びます。そして一八八九（明治二十二）年、破傷風菌の培養に世界で初めて成功し、またその抗毒素（免疫体）を治療に利用する「血清療法」を開発しました。

その後この研究を発展させ、ノーベル生理学・医学賞の候補となりました。こうした業績により欧米各国の大学や研究所からの招聘《しょうへい》を受けますが、北里は自分の留学は日本の医療体制の改善と伝染病の脅威から国民を救うことであるとこれを固辞し、帰国の途に着きます。

一八九二（明治二十五）年帰国しますが、北里を迎える国内の状況には厳しいものがありました。北里はドイツ滞在中に、脚気の原因を細菌とする東京帝大の緒方正規教授の説に対してこれを批判したことが原因で、東京帝大医学部と対立する事態になっていました。帰国後、北里は日本の大学で研究する機会を奪われてしまったのです。北里の実績と才能が埋没の危機に瀕したのでした。

この事態を聞いた福沢諭吉は北里のために自らの土地を提供し、また盟友・森村市左衛門の寄付をもとに、東京・芝に日本初の伝染病研究所を設立しました。北里はこの研究所の所長となり、秦佐八郎、志賀潔ら優秀な所員を集め、研究を続けました。

その後この研究所は内務省管轄の国立伝染病研究所となりますが、一九一四（大正三）年内務省から文部省に移管することになります。これはいわば北里の研究所を文部省、東京帝大の管轄下に置くというものでした。

研究所の文部省移管に反発した北里は所長を辞職し、新たに私立北里研究所を設立、さらに一九一七（大正六）年、慶応義塾大学医学部の創設に参画、初代医学部長となります。その後、日本医師会初代会長などを歴任しました。

北里は医道の基本についてこのように語っています。冒頭の言葉に続く部分も含めて引いておきます。

昔の人は、医は仁の術、また、大医は国を治すとは善いことをいう。医の真の在り方は、大衆に健康を保たせ安心して職に就かせて国を豊かに強く発展させる事にある。人が養生法を知らないと身体を健康に保てず、健康でないと生活を満たせる訳がない。（中略）人民に健康法を説いて身体の大切さを知らせ、病を未然に防ぐのが医道の基本である。

（福田眞人『北里柴三郎』）

医学はあくまでまずは民衆のため、患者のためであるという、権威に対抗してきた北里らしい言葉であるように思います。

北里は頑健な身体の持ち主で、大御所として医学界の発展のために力を尽くしましたが、一九三一（昭和六）年六月十三日、脳溢血のため八十年の生涯を閉じました。

多くのメディアがその死を報じましたが、海外でも、たとえば「英国医学雑誌」は六月二十日号でいち早くその死を報じ、六月二十七日号では写真入りの詳細な訃報を、弟子の宮島幹之助の助けを借りて掲載しています。

記事の中では北里の業績の内容が報じられていますが、こうした有力雑誌で報道されたことは、北里に対する世界の医学界の高い評価を物語るものです。

北里と並び、日本の近代医学の発展に寄与した一人である高木兼寛は、北里の出身地熊本県と隣接する宮崎県の出身です。高木は当時大きな課題であった脚気の撲滅に尽力するとともに、慈恵医科大学の前身である医師養成所や日本初の看護学校を創設するなど、日本の医療の発展に大きく寄与した人物です。

高木兼寛は一八四九（嘉永二）年、日向国東諸県郡穆佐郷（現・宮崎市高岡町）生まれ。薩摩藩蘭方医の石神良策について医学を修め、戊辰戦争では藩兵付属医師として東北征討軍に従って奥州を転戦しました。一八七二（明治五）年四月、師の石神の勧めに従って海軍軍医となり、一八七五（明治八）年ロンドンのセント・トーマス医学校に留学して優秀な成績を修め、一八八〇（明治十三）年に帰国します。高木は臨床を重視するイギリスの医学を修め、それが高木の医療に対する考え方に大きく影響することとなります。

帰国後、高木は東京海軍病院長などの要職を歴任し、一八八五（明治十八）年十二月海軍軍医総監に就任します。この間、高木にとって大きな課題の一つは、当時海軍にはびこっていた脚気を撲滅することでした。現在では脚気はビタミンB_1の不足であることが明らかになっていますが、当時は原因不明の病気として大変恐れられていました。高木は脚気のもとは食生活にあり、脚気の発生はたんぱく質の不足が原因であるとして、海軍の食生活の改善に取り組みました。また高木は、白米中心の食生活にその原因があるという自説を証明するために、大量の脚気患者が発生した戦艦「龍驤《りゅうじょう》」と同じ航路で、戦艦「筑波」による航海を実施し、そこで白米に麦を加える実験をしました。その結果、「筑波」の乗員の脚気患者は激減し、その原因が食生活にあることを実証したのです。そして海軍では白米食を排して麦飯を支給し、脚気を一掃することに成功しました。一八八三（明治十六）年には二三・一％であった海軍の脚気発生率は、一八八五（明治十八）年以降は一％未満に激減したのです。

高木は一八八五年、「大日本私立衛生会雑誌」に自説を発表しましたが、当時の日本医学界では根拠が薄弱であると一蹴されました。食物が不良ならほかの病気にもなるはずなのに、脚気にだけかかるのは不自然だと批判されたのでした。東京帝大を中心とする当時の日本の医学界はドイツ医学が中心で、研究至上主義、権威主義が強く、高木の「脚気は食事の欠陥であり、これを改めれば治せる」という学説が、現実の予防治療面で驚異的な成果を挙げていたにもかかわらず、当時の医学界では無視され続けたのでした。

しかし、高木の実績は、医学における臨床疫学研究の意義を日本で初めて実証したものとしても高く評価されています。日露戦争では、兵食に麦飯を導入した海軍は脚気患者をほとんど出さなかったのですが、白米にこだわり続けた陸軍では脚気が大量に発生し、多くの死者を出しました。

のちに高木はその功績が認められ、男爵を授けられたとき、親愛と揶揄の双方の意味をこめて「麦飯男爵」と称されました。

高木の医道論は、医学は何よりもまず病人のためにあるという基本に基づくものでした。

イギリスから帰国した高木は、当時の日本の医学界が研究中心で、患者の痛みに向き合っていないという現実に深い憤りを感じていました。「我々の目の前には病気が横たわっているのではない、病気を持った人間が横たわっているのだ」ということを忘れてはならないと主張しました。

「病気を診ずして病人を診よ」――医学は病人を治すためにあり、病む人間のためにある、という基本を貫いたのです。

高木が創立した成医会講習所を前身とする東京慈恵会医科大学附属病院の理念の冒頭には、「病気を診ずして病人を診よ」という言葉が掲げられています。

あくまでも患者本位の医学を貫き通した北里柴三郎と高木兼寛は、偶然にも青山霊園内のほど近い場所で眠りについています。

志ある医道を拓《ひら》く

わが国十何万の精神病者は実にこの病を受けたるの不幸の外に、この国に生まれたるの不幸を重ぬるものと云うべし。

——呉秀三

人と同じような生活や心を求めて、人と違うことを成し遂げられるわけではない。これでいいのだ。

——荻野吟子

日本の精神医学の創始者といわれる呉秀三の多磨霊園の墓碑の言葉も心に残りました。

伝記も著作も、世上の褒貶《ほうへん》も、
結局のところ父の恃《たの》むところではなかった。
癲癇《てんかん》者に対する心遣いと、
先哲の徳を恢《ひろ》めることこそ
その業であり志であったと
推すべきものがある。

これは「呉秀三先生五十年記念会」による墓碑に刻まれた、子息の呉茂一氏の言葉です。身内ではあっても、最も身近にいたものの眼に映った、「志」の記憶であるといえます。「褒貶」とは毀誉褒貶の褒貶で、世間の評判ということ、「恢める」とは広めるということです。

呉秀三は一八六五（元治二）年、江戸・青山の広島藩邸で生まれます。十六歳で父母を失うという不運に遭遇しますが、勉学を重ね東京帝国大学医科大学に入学します。

一八九六（明治二十九）年、帝大医科大学助教授となり、翌年ドイツ、オーストリアに留学し、エービング、クレペリン、エルブ教授らに師事します。帰国後は母校の教授となり、東京府立巣鴨病院（のちの松沢病院）院長を兼任します。

一九三五（昭和十）年には日本神経学会（現・日本精神神経学会）を創立し、わが国初の精神衛生団体である精神病者慈善救治会を組織しました。そして精神病患者の看護法を一新、わが国の精神医学の建立者といわれています。

退官後は著述や翻訳に専念、日本医学史・洋学史について著しました。著書に『シーボルト先生　其生涯及功業』（これによりオランダ政府より勲章を受章）のほか、『精神病学集要』『華岡青洲先生及其外科』などがあります。森鷗外とも親交があり、文章家としても知られています。

呉秀三が当時の精神医療の状況を人道的立場から批判したのが、冒頭の言葉です。

わが国十何万の精神病者は実にこの病を受けたるの不幸の外に、この国に生まれたるの不幸を重ぬるものと云うべし。（『精神病者私宅監置ノ實況及ビ其統計的觀察』）

患者を一人の人間として尊重し、カネや名誉とは縁のない徳ある医の道を志した呉秀三の生き方は、医の道に携わる者にとってはもちろん、私たちにとっても多くの示唆に富んでいると思います。

荻野吟子は苦難の末、医術開業試験に合格した日本初の女性医師として、また社会運動家としても知られています。渡辺淳一の小説『花埋み』でも有名です。

一八五一（嘉永四）年、武蔵国（現・埼玉県熊谷市）の旧家に生まれます。十六歳で結婚しますが、夫に性病をうつされます。上京して受診しますが、当時の医者は男性ばかりで、そこで婦人科を受診することに耐えがたい苦痛を感じ、その受診の体験から医師を志しました。その強い決意をこう語っています。

わたしは、自分で自分の病気を治そう。自分で直してゆこう。そして自分と同じように苦しんでいる、世間の女性たちを助けてあげたい。（中略）
わたしは女のお医者さんになって、同性の悲惨な苦しみを救ってあげたい。

（『人物近代女性史 女の一生』7）

しかし、医学を学ぶ機会も女性には閉ざされているところが多く、ようやく私立医学校好寿院に受け入れられ、男子学生の中で苦労しながら勉学に励みました。

ようやく卒業したものの、もう一つの大きな壁が立ちはだかっていました。彼女は内務省の医術開業試験の受験を前例がないとの理由で拒否されたのです。しかし、吟子の開業への意志は固く、当時の内務省衛生局長・長与専斎らの尽力もあって、一八八五（明治十八）年、ついに初志を貫徹、合格しました。

同年、東京湯島で開業しますが、その翌年キリスト教の洗礼を受けて婦人矯風会に参加し、廃娼運動に取り組みます。ちなみにこの婦人矯風会は、教育者で社会運動家の矢島楫子《かじこ》が創立したものです。熊本から単身上京し社会運動に取り組んだ矢島と、この吟子の生き方には、明治という男性社会の時代に敢然として挑んだという点で深く重なるものがあると思います。

吟子は一八九〇（明治二十三）年、牧師の志方之善と再婚し、夫とともに北海道に渡り、開拓事業にかかわりますが、一九〇五（明治三十八）年夫が死去。吟子は東京に戻り江東新小梅町で開業しました。基督教婦人矯風会風俗部長、大日本婦人衛生会幹事、明治女学校教師兼校医などを歴任しています。

当時女人禁制といわれた医学校に入学を認めさせ、医師開業試験に果敢に挑戦し、日本の医学界への女性進出の道を拓き、社会運動にも精力的に取り組んだ荻野吟子は、日本女性史のみならず、日本近代史に燦然《さんぜん》と輝く存在感を遺しています。

吟子は、その長い苦難の人生から紡ぎ出された多くの言葉を遺していますが、その一つが冒頭に引いた言葉です。

人と同じような生活や心を求めて、人と違うことを成し遂げられるわけではない。
これでいいのだ。

数々の試練と苦闘を乗り越えて、その志を遂げた吟子ならではの言葉です。

埼玉県熊谷市にある記念館の顕彰碑には、吟子の愛誦の聖句が刻まれています。

人その友のために己の命を損《す》つるは　是より大なる愛はなし。

荻野吟子の歩んだ道を振り返るとき、彼女の遺した言葉や、愛した聖句の言葉の重さに、あらためて感銘を受けます。

こうして、北里柴三郎、高木兼寛、呉秀三、荻野吟子の四人の先学の墓碑を訪ね、その生き方と遺した言葉にふれるとき、あらためて「医道」とは何か、という深い思いに誘われるのでした。

そのことにかかわる、江戸期の二人の人物の遺した言葉を引いておきます。

医とならば、君子医《くんしい》となるべし。小人医《しょうじんい》となるべからず。
君子医は、人のためにす。人を救うに、志専一《こころざしせんいつ》なる也。
小人医は我がためにす。

（貝原益軒『養生訓』）

医道と云《いう》は、我が身上富み栄《さか》うべきためにはあらず、
万民の病をいやし、諸人《しょにん》の愁苦をすくいたすくべきためなり。（如儡子《にょらいし》『可笑記《かしょうき》』）

第八章　創作と表現

命ある限り、書くのだ！

作家は仕事が生命だ。
生命ある限り私は書かねばならない。
私は作家です。

——大佛《おさらぎ》次郎

医者はもう見放したけれど、奇蹟ということを信じている私は（中略）却《かえ》って詩の道に処して透徹してくる自信を感じてきた、見なくてもすむものはすっかり消され、物象の奥の奥の真生命が魂をじかに震撼させてくるようだ。

——北原白秋

最後の最後まで創作への執念の火を燃やし続け、執筆にこだわり続けた二人の作家の生き方と作品に注目してみます。

大佛次郎は『鞍馬天狗』や『照る日くもる日』『ごろつき船』などの娯楽小説から、『ドレフュス事件』『ブウランジェ将軍の悲劇』『帰郷』『パリ燃ゆ』『天皇の世紀』などの歴史・現代小説、さらにノンフィクションまで幅広い作品を残したことで知られています。

大佛は一八九七（明治三十）年、横浜市に生まれます。東京帝国大学法科大学卒業後、鎌倉高等女学校教師をつとめ、その後外務省条約局嘱託となります。関東大震災を機に外務省を退職して文筆業に専念します。大佛次郎というペンネームは、鎌倉の長谷大仏の裏手に住んでいたことに由来しています。

先に一部を紹介しましたが、その作品のジャンルは実に広く、またその作品は純文学と大衆文学という既成の区別を超えるものでもあり、小松伸六は「純文学と大衆文学というばかげた区別を解消し、純文学にして大衆文学という総合を実践した作家が大佛次郎なのである」といっています。

小松はまた、サマセット・モームの言葉を援用しながら、「大佛次郎の作品は、小説のおもしろさとは、かならずしも通俗的なよろこびと同義語ではなく、精神の快楽、知的なよろこびをあたえるものであることを教えてくれるのである」と書いています（「作家と作品」、『日本文学全集』54所収）。

そこに、大佛作品が厚い年齢層に愛される秘密の一つがあるように思います。

この「おもしろさ」の質についての指摘はきわめて重要なことで、現代の文学やテレビの番組について考えるときにも貴重な示唆となると思います。

一九六〇（昭和三十五）年に芸術院会員となり、一九六四（昭和三十九）年には文化勲章を受章しています。

一九六八（昭和四十三）年春、下腹部に痛みを感じ東京築地の国立がんセンターに入院、以降入退院を繰り返しますが、一九七三（昭和四十八）年四月三十日、同センターで肝臓がんのため亡くなりました。享年七十五歳でした。直前まで朝日新聞連載の『天皇の世紀』に取り組んでいました。ベッドの上に座り、最後は仰向けになって原稿を書き続けました。「作家は仕事が生命だ。生命ある限り私は書かねばならない。私は作家です」と語っていました。これが冒頭の言葉です。

「生命のある限り」「私は作家です」という言葉が強烈です。

この言葉に示された大佛の強固な意志を物語るように、小林秀雄は、逝去の翌日、朝日新聞に、以下のような追悼文を寄せています。その一部を引いておきます。

「『天皇の世紀』も、戊辰の役で、とうとう大佛さんの絶筆となって了《しま》った。私は、あれを愛読していた。（中略）宿病の裡《うち》に始まったこの仕事は、ずい分苦労なものだったに相違ない。その半ばは、病院で書かれたと言っていいかもしれない」（朝日新聞一九七三年五月一日）

最後の最後まで執筆に執念を燃やし続けたその姿は、書斎と厠《かわや》の間を這《は》うようにして往復しながら、渾身の力を振り絞って執筆に取り組んだ、あの吉川英治の最期の姿を思い出させます。

北原白秋は日本を代表する詩人であり歌人であると同時に、優れた童謡、民謡の数々を残した、「表現の鬼」とも称される才人でしたが、一方で三度の結婚歴を持ち、姦通罪での逮捕歴もあり、極貧の生活を経験し、晩年には視力も失うという波乱の生涯を送った人物でもありました。

白秋は一八八五（明治十八）年、福岡県柳川生まれ。上京して早稲田大学に入りますが、退学して詩作の道に進みます。一九〇六（明治三十九）年「新詩社」に参加、与謝野鉄幹、与謝野晶子、木下杢太郎、石川啄木らと知り合います。ちなみに上記四人のうち、啄木を除く三人はいずれも白秋と同じく多磨霊園に眠っています。

そして雑誌「明星」に発表した詩が上田敏、蒲原有明らに認められ、広く知られるところとなります。一九〇八（明治四十一）年、木下杢太郎らと「パンの会」を結成します。そして、『邪宗門』『思ひ出』などの詩集、『桐の花』『雲母集《きらら》』などの歌集のほか、雑誌「赤い鳥」で童謡を発表し、多くの童謡集を残しています。

また山田耕筰や中山晋平らと組んで、日本人に愛唱される名歌の数々を作りました。「からたちの花」「この道」「ゆりかごの歌」「城ヶ島の雨」など、今でも愛唱されている歌も少なくありません。

一方、私生活も華やかで、生涯三度の結婚をするなどその人生は起伏に富むものでした。一九一二（明治四十五）年には、人妻・松下俊子との関係から、彼女の夫から姦通罪で告訴され、二週間拘留されるという事件も起こしています。犯罪者として社会的制裁を受け、屈辱の日々を過ごしたことは、白秋にとって耐えがたい試練のときとなりました。しかし、それが新しい創作への転機ともなりました。

一九一九（大正八）年、小田原に転居したころから窮乏を極めていた生活も安定し、作風に新生面を開きました。このころの作品には、「とんぼの眼玉」（童謡集）や「落葉松」などがあります。またこの前年の一九一八（大正七）年には、鈴木三重吉が児童向け雑誌「赤い鳥」を創刊していますが、白秋はこの雑誌に童謡を精力的に発表し、先にあげた「からたちの花」をはじめ、膨大な数の童謡を作っています。

数多くの歌集、詩集、童謡、民謡など幅広い名作を残した白秋でしたが、一九三七（昭和十二）年に糖尿病と腎臓病の合併症のために眼底出血を起こし、視力はほとんど失われました。しかし精力的な創作活動は続きました。当時、白秋はこう語っています。冒頭の言葉を含む一節を引いておきます。

眼疾のため読書も執筆も全然不可能となったので、このごろでは全部書生に読ませ口述するという生活をつづけている、医者はもう見放したけれど、奇蹟ということを信じている私は（中略）却《かえ》って詩の道に処して透徹してくる自信を感じてきた、見なくてもすむものはすっかり消され、物象の奥の奥の真生命が魂をじかに震撼させてくるようだ、しかしただ困るのは視力と逆に、読書力が抑えても抑えきれぬ力で押してくることである。

（『白秋全集』別巻）

艱難《かんなん》を創造の力に変える、白秋の限りない強靭《きょうじん》さを感じさせる言葉です。そんな白秋を、堀口大學は「表現の鬼」「表現の火山」と呼びました。

しかし、全身の病状は次第に悪化し、一九四一（昭和十六）年には歩行困難となり、寝たきりになって、その翌年に波乱の生涯を閉じました。享年五十七歳でした。

青山斎場で行われた葬儀、告別式では、大木惇夫作詞、山田耕筰作曲の「挽歌」が、耕筰の指揮で二十余名の合唱団によって演奏されました。長い親交があり、多くの作品を共作した山田耕筰の指揮による演奏は、深い感動を呼んだに違いありません。その会葬者は三千名に及んだといいます。

多磨霊園の白秋の墓碑からほど近いところに、「砂山」「アメフリ」「さすらいの唄」など多くの愛唱歌を白秋と共作した中山晋平の墓を訪ねることができます。

言葉の力を畏《おそ》れよ

たとえようもなくやさしい気持ちを伝えることの出来るのも言葉だが、相手の急所をグサリと刺して、生涯許せないと思わせる致命傷を与えるのも、また言葉である。　　　　――向田邦子

難しいことを易しく、易しいことを深く、深いことを面白く。――井上ひさし

言葉の重さ、そして表現の力と難しさについて語った、二つの文言を取り上げます。日ごろ何気なく使ったり、また聞いたり読んだりする言葉や表現について、それを本業とする人たちの言葉は重く響きます。

はじめの向田邦子の言葉には、深い共感を誘うところがありますが、しかしそれを知りながら、つい口にしてしまってから後悔した経験のある方も少なくないことでしょう。

向田邦子はテレビドラマのシナリオ作家として多くの名作を残し、また小説やエッセイの名手としても知られています。一九二九（昭和四）年、東京生まれ。実践女子専門学校（現・実践女子大学）卒業後、最初にかかわった仕事が映画雑誌の編集でした。

その後、一九六二（昭和三十七）年からラジオ番組「森繁の重役読本」の構成作家としての仕事を担当しました。およそ七年間、二千回に及ぶこの仕事は、向田のドラマや小説やエッセイの創作に大きな影響を与えました。番組は一回当たりわずか五分という短いものでしたが、むしろ短いがゆえに言葉の力が問われ、その中にいかにリスナーを引き込むメッセージを効果的に盛り込むかというところが、まさに構成作家としての力量が問われるところで、向田にとってはその腕を磨く得がたい体験でもありました。

私自身を含めて、テレビ番組の制作にかかわってきた多くの友人たちの経験からいえることですが、映像という素材のないラジオ番組（とくに録音構成などの構成番組）の制作にかかわることは、テレビ番組の構成力を磨くのに貴重な機会となります。

向田はこのラジオの仕事と併行して、テレビドラマの脚本の創作という世界に足を踏み入れることになります。実に多くの作品を手がけていますが、「だいこんの花」「時間ですよ」「寺内貫太郎一家」「阿修羅のごとく」などの名作を残したことはよく知られています。また、『眠る盃』『霊長類ヒト科動物図鑑』などのエッセイ、『想い出トランプ』『あ・うん』などの小説と、幅広い才能を発揮し、圧倒的な人気と支持を獲得しました。一九八〇（昭和五十五）年には第八十三回直木賞を受賞しています。

ごく平凡な日常と等身大の人間を描きながら、そこに人間の深部に宿る哀しさや弱さを鋭く切り取り、あるいは昭和という時代に育まれ、いまはもう失われてしまった伝統や家族の風景を丁寧に描き、それを温かく、しかし厳しい眼で見つめていました。

その温かさと鋭さは、あの「サザエさん」を描いた長谷川町子の眼差しに通じるものがあるように思います。その長谷川町子も、向田と同じ多磨霊園に眠っています。

向田の魅力の一つが、その洗練された言葉の選び方です。その、言葉について語られたのが、冒頭の言葉です。

たとえようもなくやさしい気持ちを伝えることの出来るのも言葉だが、相手の急所をグサリと刺して、生涯許せないと思わせる致命傷を与えるのも、また言葉である。

（「PHP」一九七六年五月号）

向田の作品に接するとき、短い言葉にハッとすることが少なくありません。その作品に人の温もりや、あるいは人間の業ともいえるものを鋭く感じさせるものが少なくないのも、こうした言葉へのこだわりや表現者としての謙虚さがあるからかもしれません。

その向田の訃報はあまりにも突然でした。一九八一（昭和五十六）年、台湾旅行中に搭乗していた航空機の事故に遭遇し、その生涯を閉じました。まだ五十一歳という働き盛りでした。

その早世は多くの人が悼み、惜しむところとなりました。多磨霊園の向田の墓は私の散歩コースの定番の一つですが、いまだに訪れる人が絶えないのも納得できるところです。向田の死は、親交のあった人たちや熱烈なファンのみならず、私たち日本人にとっても大きな喪失であったといえます。もう少し長く書き続けることができたら、もっと大きな財産を私たちは手にできたはずです。近年のドラマの風景を見るにつけ、向田にもう少し長生きしてほしかった、そんな思いが強くよぎります。

最後に、向田の先の言葉と重なる言葉を一つ引いておきます。

人間にはそう言いたいことが幾らでもある訳ではなくて、その上に、一度はっきり言葉で表してしまったことは、あとで繰り返しがきかなくなる。

（吉田健一『ひまつぶし』）

井上ひさしは、『吉里吉里人』や『ひょっこりひょうたん島』、そのほか多くの戯曲作品を残す一方で、劇団こまつ座を立ち上げたり、日本ペンクラブ会長などの要職を歴任し、また直木賞など多くの文学賞の選考委員をつとめています。その多才多芸ぶりを見ていくとまことに際限がありません。

その膨大な業績の一端については先述しましたが、その根底に貫流するのは、言葉に対する強いこだわりです。

冒頭の言葉は、そんな井上のこだわりを物語る言葉です。井上作品をあらためて読み直すとき、深い共感を覚えさせられる言葉ですが、これが簡単なようでなかなか容易なことではありません。

しかし、日々洪水のような言葉が、活字や映像やネット上であふれるいまこの時代、言葉の大切さをあらためて見直すことも大切なことのように思います。

井上は、「難しいことを易しく、易しいことを深く、深いことを面白く」書くことをモットーとしていました。

一見それほど困難なことのようにも思われませんが、これがなかなか大変なことです。でも、可能な限りそれに努めるのが、いわば書き手の良心といっていいと思います。

人気漫画家の赤塚不二夫は、「頭のいいヤツはわかりやすく話す、頭の悪いヤツほど難しく話すんだよ」と語っています。私は赤塚のこの言葉に出会ったとき即座に、先の井上の言葉を思い出しました。ジャンルは違いますが、井上ひさしと赤塚不二夫には、どこかもっと深く響き合うところがあるように思えたのでした。

斎藤茂吉は、「言葉は概念的なものである。それに独自の血を通わせるようにするには大力が必要である」と書いています。

「難しいことを易しく、易しいことを深く、深いことを面白く」ということは、簡単なようで、実はこの「大力」が必要なのです。

そのために日々格闘を続けたということが、あるいは井上が「遅筆堂」と呼ばれた一つの理由かもしれません。それは、読者に対する井上の誠実さの証《あかし》ともいえます。

井上のこの言葉を目にして、私は、河合隼雄さんのことを思い出しました。

河合氏は日本のユング心理学の第一人者とされていますが、その守備範囲は広く、文学、宗教を含めた日本文化論、日本人の精神史にまで及び、のちに文化庁長官をつとめています。私事ですが、その河合さんが無名のころから三十数年間、私は公私ともに厚誼を結びました。NHK時代、河合さんとは三十分番組や一時間番組を多数制作しました。打ち合わせのために京都大学の研究室や奈良西大寺のご自宅に伺ったのも数えきれません。また収録のため、再三渋谷の放送センターに来ていただきましたが、その際必ず一泊していただき、歓談と会食を楽しみました。文化庁長官に就任されてからは東京に居を移され、ご多忙ななか、先生との稔り多い歓談の機会に恵まれました。

その気ままな歓談の中でも珠玉のような言葉に出会いました。私には、先の井上ひさしの言葉「難しいことを易しく、易しいことを深く、深いことを面白く」が、河合さんの話や文章にそっくり当てはまるように思えたのでした。専門とするところは違いますが、聞き手や読み手に対する誠実さ、その一点でこの二人は深く響き合っているように思います。

そんな、言葉へのこだわり、そして表現者としての責務と謙虚さというべきものを、冒頭の向田と井上の言葉から強く感じさせられます。

絵画のエスプリを読め

絵を見る場合、単に画面の表面だけを見るに止《とど》まっては、それを正しい鑑賞とは云い得ないと思う。絵画のエスプリと云うのは、すなわち画面の裏にかくされている作者の気持ちを云うのである。

——藤島武二

自然の外側の美しさだけを真似して描いたって駄目なんです。それには、まあ、自然が好きでなくちゃ駄目でしょうけどね。梅の強い枝が生き生きとして、梅の花が咲き始める。あれもね、私、自然が人間に見せてくださる一つのね、宗教的にいえば教えだし、芸術的にいえば美だしね。

——小倉遊亀《ゆき》

言葉を紡ぎ出す作家たちに続き、日本美術史を彩った画家たちの遺した言葉をいくつか見ておきます。草創期の日本の洋画界を主導した藤島武二と、百五歳という長寿を美の創造にかけた小倉遊亀の二人です。

藤島は一八六七（慶応三）年、薩摩藩士の家に生まれました。明治維新の一年前で、薩摩も日本中も大きな激動の中にありました。幼少より絵画に親しみ、はじめは日本画を学びます。

この、はじめに日本画を学んだことが、のちの藤島にとって大きな意味を持つことになったといわれています。

そして二十四歳のとき洋画に転向し、曽山幸彦らに師事します。一八九六（明治二十九）年、親交のあった黒田清輝の推薦により東京美術学校（現・東京藝術大学）助教授になります。以降半世紀近くにわたって後進の育成にあたり、画壇の中心的存在として活動を続けました。

一九〇一（明治三十四）年からは与謝野鉄幹・晶子夫妻が刊行した雑誌「明星」の表紙や挿絵を六年間担当したほか、歌集『みだれ髪』の表紙ではアールヌーボーを取り入れ、注目を集めています。

美術評論家の嘉門安雄は、藤島の作品は装飾性と写実性、そして感性と知性の均衡が手堅くとれており、狂いのない画面組み立てがなされていると書き、その芸術的特質として「明快と均衡」という言葉を繰り返し使っています。

藤島は、絵画の制作においても、鑑賞においても、重要なのは「エスプリ」だと語っています。冒頭の言葉を含む一節を引いておきます。


絵を見る場合、単に画面の表面だけを見るに止《とどま》っては、それを正しい鑑賞とは云い得ないと思う。絵画のエスプリと云うのは、すなわち画面の裏にかくされている作者の気持ちを云うのである。作品には必ず作者のエスプリが現われて居ねばならぬし、同じに見る人も作品を通じ作者のエスプリを見なければならぬ。エスプリのない作品、エスプリを見得ない鑑賞は、共に皮相的なるものであるに過ぎない。

（『現代日本美術全集7』）

エスプリとは本来は心とか精神とか知性という意味ですが、単に表面だけができていても、内容に見るべきものがなければ、その絵画は高度の鑑賞に耐え得るものではないというのが藤島の主張です。

藤島は「明星」の与謝野夫妻を含めて、作家の志賀直哉など、幅広い交友関係を持っていました。単に画壇の中にとどまらない藤島の交友の広さと深さが、創作活動にも影響を与えているように思います。「エスプリ」という画論の中核ともいえる言葉の背景の一つに、そんな交友関係を含む藤島の生き方があるといえるかもしれません。

一九三七（昭和十二）年、文化勲章が創設されましたが、その第一回の受章者として横山大観、佐々木信綱らとともに、藤島も名前を連ねています。

画面の裏に隠されたエスプリの重要性を語った藤島の言葉と、自然の外側の美しさだけを真似して描いては駄目だと語る小倉遊亀の言葉には、どこか重なるところがあるように思います。冒頭の二つの言葉には、まことに興味深く、そして深いものがあるように思います。

小倉遊亀は、比較的長寿者の多い画家たちの中でも、とくに長い歳月を生き抜きました。その百五歳という年輪は突出した存在といっていいでしょう。そしてその人生も、遅咲きともいえる作家人生も、きわめて起伏に富んだものでした。

小倉遊亀は一八九五（明治二十八）年、滋賀県大津市に生まれました。県立大津高等女学校を卒業後、一九一三（大正二）年、奈良女子高等師範学校国語漢文部に入学します。同校卒業後、小学校や女学校で教壇に立ちますが、以降二十年余り教職に携わりつつ、独学で絵を学びます。

一九二〇（大正九）年、安田靫彦《ゆきひこ》に入門を許され、本格的に画を学びます。

遊亀は病中の安田靫彦のもとを訪ね、熱心に面会を求め、許されます。ほんの五分のつもりが一時間にもなりました。そのとき遊亀は二十六歳でしたが、この時代の若い女性にしては、驚くべき行動力といえます。

また、速水御舟の影響も受けています。御舟からは、写生というものはかたちだけでもいけない、色だけでもいけない、その中に入っている菊なら菊のいのちとでもいうものを引きずり出したものでなくては写生ではないということを、いやというほど教えられました。

私生活では、一九三八（昭和十三）年に山岡鉄舟の最後の高弟で、禅の修業者である小倉鉄樹と結婚しました。遊亀四十三歳の初婚でしたが、六年後に死別します。以降、独身を通し、創作に専念します。古典に学び、知的で爽快感があふれ、情感が滲《にじ》む画風は、多くの人に支持されています。

代表作に、「少女」「O夫人坐像」「裸婦」「母子」「良夜」「舞妓」「姉妹」などがあります。一九七六（昭和五十一）年には日本芸術院会員に推され、一九八〇（昭和五十五）年に文化勲章を受章、女性の受章者としては三人目でした。

数々の賞に輝く遊亀ですが、「受賞はもちろん嬉しいけれど、もっと嬉しいのは、ふだん絵なんかに何の関係もないような人々が、絵を見て楽しい思いをしてくれることだ」と語っています。そんな遊亀の心情が、その絵が多くの人々に愛される理由の一つとなっているように思います。

小倉遊亀は百歳を超えてもその旺盛な創作意欲を失わず、歳とともに作品は艶やかさを増し、その人生もまた円熟味を深めました。冒頭の言葉は、小倉の人生に対する向き合い方が、その創作のエネルギーとなっていることを物語っています。

己が貧しければ、描かれた富士も貧しい

己が貧しければ、そこに描かれた富士も貧しい
——横山大観

下品な人は下品な絵をかきなさい、ばかな人はばかな絵をかきなさい。
下手な人は下手な絵をかきなさい。
——熊谷守一

画壇の巨人二人の言葉です。「その生き方や人間が作品に表れる」と語る大観と、「自分を生かす自然の絵をかけばいい」と語る二人は、その画風も生き方も対照的ですが、その言葉には絵というものの本質を衝く深いメッセージがあるように思います。

横山大観は一八六八（明治元）年、水戸に生まれます。府立一中（現・都立日比谷高等学校）、東京英語学校を経て東京美術学校（現・東京藝術大学）に学び、岡倉天心、橋本雅邦に師事します。同期生に菱田春草、下村観山らがいました。

一八九五（明治二十八）年には雅号を大観と改めています。「大観」とは、大局的な観点から世界を見るという意味の法華経の経文から採ったという説があります。一八九六（明治二十九）年には東京美術学校助教授となりますが、その後、師と仰ぐ当時東京美術学校校長の岡倉

天心への排斥運動が起こり、大観は天心とともに同校を去り、菱田春草、下村観山らとともに日本美術院の創立に参加します。

大観は春草とともに西洋画の画法を取り入れた新たな画法の研究を重ねます。第一回院展に出品した「屈原」などで線描を大胆に抑えた没線描法を用いますが、それが「朦朧体《もうろうたい》」と酷評され世に受け入れられませんでした。

一九〇七（明治四十）年から文展審査員をつとめ、「流燈」「瀟湘八景」などを発表、その後日本美術院を再興し、以後日本画壇の重鎮として活動を展開しました。一九三七（昭和十二）年には、この年制定された第一回文化勲章を受章しています。

冒頭の言葉は、人間の生き方や人格がその作品に表れるという、大観の芸術観、人間観を語ったものですが（「私の富士観」、朝日新聞一九五四年五月六日）、同様なことを、二〇〇四（平成十六）年放送のＮＨＫ「あの人に会いたい」でも、次のように語っています。

芸術も政治も人間　人格ができていなければいけない。
学問も芸術も人によります。人間ができていなければ、芸術はできません。

画家のみならず、作家にも同様な言葉を遺した人がいます。

世界が美しいものとなる為には自己が美しくあらねばならぬ。

（有島武郎『自己と世界』）

文章は顔のようなもので、その人の性質が顔に露われるように文章にも露われる。

（志賀直哉『「現代教養講座」推薦』）

大観の芸術観、人間観に深く重なる言葉に出会い、感銘を受けました。先に書いたように、大観は芸術のみならず、学問や政治についても語っていました。

「芸術も政治も人間　人格ができていなければいけない」――この言葉を、現代の政治家たちはどのように聞くでしょうか。

「画壇の仙人」とも呼ばれた異色の画家・熊谷守一も、その生き方とともに、遺した言葉も刺激的です。冒頭の言葉は、「どうしたらいい絵がかけますか」と問われたときに答えた熊谷の言葉です。

熊谷守一は一八八〇（明治十三）年、岐阜県生まれ。十七歳で上京し絵描きを志望、その後共立美術学館を経て、東京美術学校に入学します。一九〇四（明治三十七）年、同校西洋画科を青木繁らと卒業し、一九〇八（明治四十一）年の第二回文展に初入選、翌年の文展に出品した自画像「蠟燭」は入賞を果たします。

一九二二（大正十一）年に結婚しますが、その後は絵が描けず、貧乏暮らしが続きました。数年間を郷里に過ごし、再び上京して二科会会員となります。

太平洋戦争後の一九四七（昭和二十二）年には二紀会の結成に参加、団体展に出品しますが、一九五一（昭和二十六）年に退会します。組織とは距離を置き、自由な創作環境を求めたからでしょうか。

晩年は自宅からほとんど出ず、庭で動植物などの自然観察を楽しんでいます。その作品も多くが鳥や昆虫、草花や石ころなど、身近なものをモチーフにしています。

一見奇人とも見えるその日常は、熊谷にとってはまさに至福の時間でした。「退屈しませんか」とよく聞かれましたが、熊谷から見れば、それは愚問でしかありませんでした。

熊谷は、「どうしたらいい絵がかけますか」と聞かれたとき、「自分を生かす自然な絵をかけばいい」と答えていますが、冒頭の言葉を含む一節を引いておきます。

二科の研究所の書生さんに「どうしたらいい絵がかけるか」と聞かれたときな

ど、私は「自分を生かす自然な絵をかけばいい」と答えていました。下品な人は下品な絵をかきなさい、ばかな人はばかな絵をかきなさい。下手な人は下手な絵をかきなさい、と、そういっていました。

結局、絵などは自分を出して自分を生かすしかないのだと思います。自分にないものを、無理に何とかしようとしても、ロクなことにはなりません。だから、私はよく二科の仲間に、下手な絵も認めよといっていました。

この言葉を引いた、熊谷の自伝ともいうべき『へたも絵のうち』には、熊谷の仙人的生涯が綴られ、独自の文体とともに、深く惹きつけられるものがありました。

画壇の重鎮として活躍した先の横山大観と、組織から距離を置いて独自の道を歩き続けた熊谷守一の言葉の対比にも興味深いものがあります。

一九六七（昭和四十二）年には、八十七歳にして文化勲章の内示を受けましたが、「これ以上人が来てくれては困る」として、これを辞退しています。

そんなエピソードや熊谷の生き方と言葉にふれると、熊谷がますます好きになりました。

そして、熊谷のこの言葉に触発されて思い出したのが、同じこの多磨霊園に眠る日本画家、川合玉堂の次のような言葉でした。玉堂が亡くなる数日前、家族に語ったものです。

自分は生涯好きな画を書き続けることができて大変幸せだった。ただ残念なのは、有名になりすぎて画を書く時間が少なくなってしまったことだ。もっとたくさんの画が描けたのに。もっとたくさんの人に画を差し上げることができたのに。

熊谷と川合の言葉には、どこか深く共鳴するところがあるように思えてなりませんでした。その熊谷守一と川合玉堂は、同じ多磨霊園のほど近いところで眠りについています。そしてそこから北へ少し歩くと、下村観山や梅原龍三郎や岸田劉生にも出会うことができます。この周辺の散策もまた至福の時間へ誘ってくれます。

僕の前に道はない

面白いねぇ、実に。
オレの人生は。
だって道がないんだ。
眼の前にはいつも、
なんにもない。

——岡本太郎

僕の前に道はない
僕の後ろに道はできる

——高村光太郎

高村光太郎の「道程」はよく知られていますが、あの「芸術は爆発だ」のフレーズでも知られる岡本太郎の言葉に、光太郎と響き合うような言葉があったのには驚くとともに、納得させられるところもありました。二人の生きた〝道程〟と遺した言葉を振り返ってみましょう。

多磨霊園の緑に囲まれた一画を歩いているとき、突如として異形のというか、どこかで見たというか、そんな風景に出会いました。周囲の墓域とはまったく異なる雰囲気のこの空間は、岡本一平・かの子・太郎一家の墓でした。

広い墓域に、この三人の墓碑は、それぞれ向き合うように建てられています。いかにも画家、作家、芸術家の三人それぞれの生き方を象徴するように、それぞれの墓碑は個性的で独自性を主張しているようですが、しかし不思議な統一感を漂わせる独特の雰囲気の空間となっています。なるほどこの一家はいずれも個性的で自由な生き方を貫きつつ、しかし独特の絆で結ばれていました。

岡本一家のお墓の話から始めたのは、その墓域の形と醸し出す雰囲気が、岡本太郎を育てた家族のありようを物語っているように思えたからでした。

太郎は大阪万博の「太陽の塔」などの彫刻作品や独自の画風の作品で知られていますが、あの「芸術は爆発だ」という言葉を語る太郎の姿は、テレビにしばしば登場し、広くなじみのあるものになりました。

岡本太郎は一九一一（明治四十四）年、神奈川県生まれ。東京美術学校を中退しパリに留学、十一年間滞在し、ピカソらの影響を受け、哲学、民族学などとともに抽象芸術を学びました。帰国後兵役に服し、戦後は創作活動に専念。先鋭的な作品を多く残し、一九七〇（昭和四十五）年の大阪万博ではテーマ展示プロデューサーとして「太陽の塔」を制作しています。

晩年はパーキンソン病を患い、一九九六（平成八）年、急性呼吸不全のため慶応大学病院で死去しました。享年八十四歳でした。

岡本太郎の創造の源泉はどこにあるのでしょうか。そのこととかかわる二つのフレーズを引いておきます。後者は、冒頭にあげた語句を含む一節です。

人間は自分をきつい条件の中に追い込んだときに、初めて意志の強弱が出てくる。この点を、実に多くの人がカン違いしている。たとえば、画家にしても才能があるから絵を描いているんだろうとか、情熱があるから行動できるんだとか人は言うが、そうじゃない。

逆だ。何かをやろうと決意するから意志もエネルギーふき出してくる。

何も行動しないでいては意志なんてものありゃしない。

面白いねぇ、実に。

オレの人生は。

だって道がないんだ。

眼の前にはいつも、

なんにもない。
ただ前に向かって身心をぶつけて挑む、
瞬間、瞬間があるだけ。

（以上、『強く生きる言葉』ほか）

岡本の生き方と作品が、そのままこの文章に表れているように思われます。というより、こうした意志とエネルギーが、あの独自の生き方と作品を生み出した、といったほうが適切かもしれません。

岡本太郎には、かつて私が番組制作をしていたころ会ったことがあります。テレビ番組の出演交渉で青山のアトリエに伺ったときのことですが、初対面ということを忘れるほど率直な応対で、親近感を感じました。予想どおりの熱い語り口と、その背後に感じられるやさしくて温かい人柄に、深く魅かれた記憶があります。その墓に対面して、あらためて当時の記憶が甦《よみがえ》ってきました。

最後に、この太郎の言葉と重なると思われる、印象的な言葉を付記しておきます。

四角な世界から常識と名のつく、一角を摩滅して、三角のうちに住むのを芸術家と呼んでもよかろう。

（夏目漱石『草枕』）

高村光太郎は詩人で彫刻家として知られていますが、あの著名な彫刻家・高村光雲の長男として、一八八三（明治十六）年、東京で生まれました。共立美術学館を経て、一八九七（明治三十）年、東京美術学校に入学しますが、文学への関心も高く、与謝野鉄幹主宰の新詩社に入り「明星」に短歌、戯曲などを寄稿します。

一九〇六（明治三十九）年、渡米して彫刻を学び、翌年ロンドンを経てパリへ移住、ロダンに深く傾倒し、またフランスの詩に親しみます。

帰国後は当時の日本美術界に批判的になり、父・光雲にもことごとく反抗しました。そして北原白秋、木下杢太郎らが主宰する、文学者と美術家の交流を図る団体「パンの会」に入って詩作を志し、「スバル」「早稲田文学」に評論、翻訳を発表しました。

その後、フュウザン会を岸田劉生らと結成。一九一四（大正三）年に詩集『道程』を出版、同年長沼智恵子と結婚しました。そして窮乏生活を続けながら彫刻や詩、翻訳、随筆などを発表しました。やがて智恵子の健康状態が悪化し、一九三八（昭和十三）年、死去します。光太郎はその二十年ほど後の一九五六（昭和三十一）年、七十三歳の生涯を閉じました。主要著書に、『ロダンの言葉』『造型美論』『智恵子抄』『典型』、彫刻作品として「獅子吼」「智恵子の首」「手」などがあります。

『道程』は光太郎の第一詩集で、表題作「道程」は教科書にも掲載され、人口に膾炙《かいしや》した作品で、『智恵子抄』などとともに多くの人々に愛好されています。冒頭に掲げた言葉を含む全文を掲げておきます。

僕の前に道はない
僕の後ろに道はできる
ああ、自然よ
父よ
僕を独り立ちにさせた広大な父よ
僕から目を離さないで守る事をせよ
常に父の気魄を僕に充たせよ
この遠い道程のため
この遠い道程のため

最初に「道程」が発表されたときは百二行にも及ぶ長編でした。しかし、詩集『道程』に収められたときはその大部分が削られ、先の九行になっていました。そのはじめの二行が冒頭に引いたものです。参考までに、原詩から一部を引用しておきます。

人類の道程は遠い
そして其の大道はない
自然は子供達が全身の力で拓いて行かねばならないのだ
歩け、歩け
どんなものが出てきても乗り越してあるけ
この光り輝く風景の中に踏み込んでゆけ

いささか蛇足かもしれませんが、ここで「父」と書かれているのは、肉親の父のことではなく、もっと広く深い「父なるもの」という意味でしょうし、「子供達」とはその父なるものに育まれる「人類」、この世に生きる「人間」と考えられます。

生命の肯定と未来への期待、そしてそこに向かって歩む強烈な意志、そんなことを感じさせる作品です。多くの人々に変わらず受け入れられるのも、納得できるように思います。

百二行にわたる〝原〟「道程」の全文をお読みになると、この詩のさらなる深い理解に導かれるかと思います。

第九章　芸術と人生

声美しき人、心清し

齢《よわい》六十になんなんとして、ある人は引退して後進の指導に当たったらどうかという。しかし私は舞台の上で歌ったり動いたりすることが、後進のために最良の指導となっているのであり、それ以外に指導の道はないと思っている。

——藤原義江

私はずっとシャンソンを歌ってきたけれど、今．私は石井好子を歌っている、自分はここにあるんだと思いました。

——石井好子

最盛期を過ぎてなお、現役を貫き通した二人の音楽家の言葉です。

〝我らのテナー〟〝藤原ぶし〟などの名コピーで親しまれた、日本を代表するテノール歌手、藤原義江の洋型の墓碑の中央には藤原の上半身のレリーフがあり、その下に大きく「YOSHIE FUJIWARA」と刻されていました。いかにも「世界の藤原」らしい、迫力のある墓碑と見受けました。左手には、「声美しき人　心清し　藤原義江」と刻された墓誌があり、墓域全体が独自の雰囲気を漂わせ、あの豪快な藤原の在りし日を偲《しの》ばせるように思えました。藤原義江は今ではその知名度もいささか薄れましたが、あの「藤原歌劇団の創設者」といえば、うなずかれる方も少なくないでしょう。

藤原は一八九八（明治三十一）年、貿易商を営んでいたイギリス人の父リードと芸者の母菊子の間に、母の実家のある大阪で生まれました。十一歳で実父に引き取られ上京、暁星小学校を経て明治学院中等部など私立学校を転々としますが、問題を起こしたり野球に熱中しすぎたりして、いずれも卒業できず退学。その後仕事を転々とします。まさにスタートから波乱の人生といえます。

十八歳のときに、大阪へ出て沢田正二郎の芸術座の演劇を見て、舞台に魅せられます。一九二〇（大正九）年には、死去した父の遺産をもとにイタリアに留学、ミラノでガラッシ夫人に師事し、翌年ロンドンでのデビュー・リサイタルで認められます。

そして、当時ロンドンの駐英一等書記官だった吉田茂の知遇を得て、各地でリサイタルを開いていきます。吉田はこのあと、奉天の総領事、イタリア大使、イギリス大使を歴任しますが、藤原は行く先々で吉田の世話になったと語っています。

欧米の大都市の独唱会では「東洋のバレンチノ」と騒がれました。朝日新聞はこれを「我らのテナー」の見出しで報じました。その後、日本と欧米を往来し、演奏活動を展開しています。

藤原自身、「元来放浪性の強い私は、一ヶ所にじっとしておれず、日本に来てわずか数ヶ月するとまた外国へ旅立った」と自伝に書いています。

一九三四（昭和九）年には藤原歌劇団を創立、日本のオペラの発展につとめました。一方で、日本歌曲の普及にも貢献し、「波浮の港」「出船の港」「鉾をおさめて」などが多くの人々を魅了し、いまでも歌い継がれています。

戦後は、一九五二（昭和二十七）年に団員を率いて「蝶々夫人」のニューヨーク公演を成功させました。

この年の前年にはサンフランシスコ講和会議が開かれ、平和条約が調印されています。この日本の独立が果たされたときに、日本人のオペラがアメリカで大成功を収めたのでした。ちなみにこの講和会議の日本代表は、藤原と長い交流のあった吉田茂でした。藤原と吉田には因縁浅からぬものがあり、驚きました。藤原はその後も国内外で公演を続け、オペラ界の発展に貢献しました。

晩年になって、藤原はその自伝の中でこう語っています。冒頭の一節です。

齢《よわい》六十になんなんとして、ある人は引退して後進の指導に当たったらどうかという。しかし私は舞台の上で歌ったり動いたりすることが、後進のために最良の

二）年、東京都文化賞や第三十二回日本レコード大賞特別賞を受賞しました。さらに一九九二（平成四）年にはフランス芸術文化勲章「コマンドール章」を受章しています。

一方で優れたエッセイストとしても知られ、『巴里の空の下オムレツのにおいは流れる』はベストセラーとなり、日本エッセイストクラブ賞を受賞していますが、この本はいまだに多くの人々に読み継がれています。

石井は八十歳に達したとき、その長い歌手生活を振り返って、こう語っています。冒頭の言葉を含む一節を引いておきます。

> 私は不器用で、人より時間をかけないと上達しません。歌がうまいと思ったことはないし、声帯も衰えました。でも、今の歌のほうがいいよと言ってくださる方がいて、私の励みと支えになっています。（中略）私はずっとシャンソンを歌ってきたけれど、今、私は石井好子を歌っている、自分はここにあるんだと思いました。
>
> （『語るには若すぎますがⅡ』）

謙虚な人柄を偲ばせる言葉です。しかし、そこに自らのスタイルを貫く、凛とした姿を見せる言葉でもあります。「私は石井好子を歌っている」「自分はここにあるんだ」――なかなかいい言葉です。人は誰でも成長期、成熟期を過ぎてやがて下り坂に向かいます。しかし、それは単なる下り坂ではありません。それは、「年輪」という新たな熟成へと向かう道程なのです。そんなとき、加齢に逆らわず、そのままの自分を受け入れ、「私はいま私を生きている」と言える人生を送れないものか、石井の言葉はそんなことを考えさせます。

年輪を重ね、声帯は衰えても、あくまでステージにこだわり、「今、私は石井好子を歌っている」と語った石井の言葉と、〝引退〟という言葉など念頭になく、最後まで「舞台の上で歌ったり動いたりすること」にこだわった藤原義江の生きた姿と遺した言葉は、不思議に響き合っているように思われます。

作家は歴史の被告人だ

ぼくの生活信条として、なんでもないことは流行に従う。重大なことは道徳に従う。芸術のことは自分に従う。
――小津安二郎

作家は歴史の被告人だ。後世の人によって裁かれ、歴史の名で審判を受ける。映画作品も本当の評価が定まるのは、百年か二百年経ってからだ。――黒澤明

多くの映画人たちの墓碑にも出会いましたが、まずは日本を代表する二人の映画監督で、ともに鎌倉の地に眠る小津安二郎と黒澤明の、映画芸術論ともいうべき言葉を取り上げます。

鎌倉円覚寺の小津の墓碑には、ただ「無」という一字が刻されていました。これは、小津の葬儀を司《つかさど》った、当時の円覚寺管長・朝比奈宗源の揮毫《きごう》です。墓前には、おそらく墓参の人々が供えていったものであろう酒やウイスキーのビンがずらりと置かれていました。今も続く、小津への熱い思いを感じさせるものでした。

小津安二郎は一九〇三（明治三十六）年、肥料問屋を営む父・小津寅之助の二男として、東京深川に生まれました。粋でいなせな気風を残すこの深川の風土が、小津の精神形成に与《あずか》ると

ころ大であったともいわれています。小学校四年のとき、父の郷里三重県松阪に転居し、小学校卒業後、県立第四中学校（現・三重県立宇治山田高等学校）に進みます。小学校時代は成績も優秀でしたが、とくに絵画に優れた才能を示しました。中学時代は活動写真（映画）に熱中し、後年の映画人の道へつながっていきます。

父寅之助は小津に兄・新一と同様に神戸高等商業学校への進学を勧めましたが、小津は同校の受験に失敗。一年間の浪人の後、三重県立師範学校を受験しますが、これにも失敗していま す。これは映画への道を捨てきれなかった小津の故意による失敗という説もあります。結局、旧制中学校を卒業後、三重県の山間の小学校の代用教員になります。

一九二三（大正十二）年上京し、親戚のつてで、松竹キネマ撮影所に入社します。小津の映画人生へのスタートでした。最初は撮影部助手という仕事でしたが、一九二六（大正十五）年、助監督になり、翌一九二七（昭和二）年には、『懺悔の刃』で監督に昇格します。

初期には学生物で、『若人の夢』『大学は出たけれど』『大学よいとこ』など娯楽性の強い作品が多く見られますが、そこに不況期の世相も描き込まれています。さらに、『生れてはみたけれど』『一人息子』『戸田家の兄妹』など、戦後の小津作品につながる家族のあり方や時代を見つめる批判的な作品も多く、しばしばキネマ旬報ベストテンの第一位を獲得しています。

戦後は『麦秋』『東京物語』『彼岸花』『秋日和』『秋刀魚の味』など相次いで話題作を発表し、

これらの作品は〝Early Summer〟〝Tokyo Story〟〝Equinox Flower〟〝Late Autumn〟〝An Autumn Afternoon〟などの題名で海外でも上映され、いずれも国際的に高い評価を受けました。また、監督や映画関係者のみならず、多くのファンの熱い支持を得ています。

それぞれの作品については、すでにさまざまに論じられ語られていますし、紙幅の関係もあって、個別の作品に論及する余裕はありませんが、親子、とくに父と娘、生と死、老いの問題などへの、独自の視点からの説得力のあるメッセージは、その映像技法とともに高い評価を得ています。

小津はまた、〝こだわり〟の人でした。小津作品のプロデューサーをつとめた山内静雄は、それが小津作品の持つ独特の個性と決して無縁ではないと語っています。

そのことは、小津の次のような言葉にもつながっているように思われます。冒頭の言葉を含む一節を引いておきます。

> ぼくの生活信条として、なんでもないことは流行に従う。重大なことは道徳に従う。芸術のことは自分に従う。どうにもならないものはどうにもならないんだ。これは不自然だと百も承知で、しかも僕は嫌いだ。そういうことはあるでしょう。理屈に合わないが、嫌いだからやらない。こういうところからぼくの個性が

出てくるので、ゆるがせにはできない。理屈に合わなくとも、ぼくは、そうやる。

（『彼岸花』撮影中の座談会、「キネマ旬報」一九五八年八月下旬号）

また、松竹の撮影所があった大船は鎌倉に近く、小津は鎌倉在住の里見弴《とん》、川端康成、大佛次郎、小林秀雄ら、いわゆる鎌倉文化人たちと親交を結びました。そうした交友と環境が、小津の作品に深みと厚みを与えたともいわれています。

小津は生涯独身で、母あさゑと二人、鎌倉で暮らしていました。その、掛け替えのない母が一九六二（昭和三十七）年、八十八歳で死去した後、そのあとを追うように小津自身もその六十年の生涯を閉じました。頸部悪性腫瘍でした。逝去の日、十二月十二日は、奇しくも小津の還暦の誕生日でした。

通夜には、里見弴、小津に深いゆかりのあった野田高梧、吉村公三郎、笠智衆らが集まりました。ひとり離れて、必死に悲しみをこらえていた笠の姿が印象的であったといいます。

また、すでに芸能界から引退していた原節子が久しぶりに小津の通夜に姿を見せ、その遺体に対面して号泣したといわれます。原は葬儀に参加した後、再び人前にその姿を見せることはありませんでした。

冒頭に書いたように、小津の墓碑には大きく「無」という文字が刻されています。

円覚寺境内にあるその墓を訪ねる人は、いまも絶えることはありません。

〝世界のクロサワ〟とも呼ばれた黒澤明は、その多彩な作品群とともに、名言ともいうべき多くの言葉を遺しています。ここでは主に黒澤自身の言葉や、黒澤について語られた言葉などを中心に、その仕事と人物を見ていきたいと思います。

黒澤明は一九一〇（明治四十三）年、東京に生まれ、当初画家を志しますが、一九三六（昭和十一）年、PCL（のちに東宝と合併）に入社し、映画への道に進みます。はじめは助監督として山本嘉次郎監督に付いて脚本を書きました。一九四三（昭和十八）年、『姿三四郎』で監督としてデビューし、注目を集めます。その後、一九五〇（昭和二十五）年の『羅生門』が、ベネチア映画祭でグランプリを受賞し、世界的な名声を博します。その後も『生きる』（一九五二年）、『七人の侍』（一九五四年）、『用心棒』（一九六一年）、『赤ひげ』（一九六五年）などの作品を発表し、〝世界のクロサワ〟として、名声を博し、フランシス・コッポラやジョージ・ルーカスなど、世界的な名監督たちにも大きな影響を与えました。

黒澤は時代に先駆けた作品を多く残しています。黒澤自身の言葉でいうと、「作るのが早すぎた」のかもしれません。

しかし、〝世界のクロサワ〟としての評価は揺るぎなく、モスクワ映画祭金賞、米アカデミー賞、仏レジオン・ドヌール勲章など数々の国際賞を受賞していますし、また、毎日映画コンクール賞、映画人初の文化勲章などの国内賞も数多受賞しています。

黒澤は、自身の仕事や人生について、どのように語っていたのでしょうか。あるいは黒澤の周辺の人物たちはどのような証言を残しているのでしょうか。

人生を共有する

黒澤は映画というものをどう見ていたのか、「京都賞」受賞の記念講演で、こう語っています。

僕は映画というものは、世界中の人が集まって、親しく付き合ったり話し合ったりする大きな広場のようなものだと考えています。映画を観る人は、スクリーンの中の世界のいろいろな人達の人生を一緒に経験する、笑ったり泣いたり苦しんだり怒ったり、一緒にその人生を経験するんです。

（浜野保樹編・解説『大系 黒澤明』第三巻）

感動を伝える

〈みなさん、私が感動した話しを聞いてください〉。僕は常々、そう思って作ってきました。最近の監督は理屈っぽすぎます。映画は頭ではなく、心で作るもの。どうすれば観客に受けるかを考えるよりも、自分が感動したことを素直に伝えればいいんです。小手先だけではだめです。（前掲書）

心で撮り、心で見る

僕はよく言うんですが、ここ（頭を指さして）でなく、心で映画を撮っています。だから、皆さんも心で見てほしい。最近の評論家が書いているのを見ると、大変難しい言葉で、難しい理屈をこね回している。僕は頭が悪いからか、よくわからないんですね。ごく素直に映画というものを見てもらいたいんですね。理屈をこね回さないで、頭でなく、人間としての自分の気持ちで見てもらいたいと僕は考えています。（前掲書）

作家は歴史の被告人だ

冒頭にあげた言葉はこれです。

作家は歴史の被告人だ。後世の人によって裁かれ、歴史の名で審判を受ける。映画作品も本当の評価が定まるのは、百年か二百年経ってからだ。

（「文藝春秋」二〇一三年一月号）

先見性豊かな作品を残した、黒澤らしい言葉です。

黒澤は八十歳を過ぎても元気でしたが、八十五歳のとき転倒して腰を骨折、三か月ほど入院しました。やむなく車椅子での生活を過ごしていましたが、一九九八（平成十）年九月六日、東京都世田谷区成城の自宅で、脳卒中のため亡くなりました。八十八歳でした。黒澤作品に欠かせない存在であった、あの三船敏郎の死から一年後のことでした。

最後に、黒澤にノーベル賞を与えよと、スウェーデンのノーベル賞委員会に電報を打った、『ゴッドファーザー』や『地獄の黙示録』などの作品で知られるアメリカの映画監督、フランシス・コッポラの話を紹介しておきます。

コッポラがある夜、友人とお酒を飲んでいるとき、「ノーベル文学賞はそろそろ映画に与えられるべきだ」という話になり、それなら「絶対クロサワが最適任者であろう」ということになりました。コッポラはすぐその場でノーベル賞委員会に電報を打ったそうです。

しかし結局は、ノーベル賞のノミネートは学界のアカデミックな人たちによって行われるので、それ以外には推薦の資格がないとの回答が返ってきました。

黒澤のノーベル賞受賞は実現しなかったのですが、黒澤の高い評価とコッポラの黒澤への思いの深さを物語るエピソードです（『大系　黒澤明』第三巻）。

先にあげた小津の「芸術のことは自分に従う」と、黒澤の「作家は歴史の被告人だ」という言葉には、まさに巨匠と呼ばれるに相応《ふさわ》しい映画人としての気骨と自信を見ることができるように思います。

なお、この鎌倉の地には、小津や黒澤の作品に欠かせない存在であった名優、笠智衆や志村喬も長い眠りについています。

わが師の恩

恐らく、私があまりにも不調法で出来が悪いものだから、先生（小津安二郎＝注）としては、よし、ひとつ、こいつをものにしてやろうかという気持ちがあったのかも知れない。

――笠智衆

自分を知ってくれる人のために精いっぱいやるのは男として当然のことだ。〝役者冥利〟に尽きる。

――志村喬

小津安二郎と黒澤明という二人の巨匠に続いて、その作品に欠かすことのできない存在であった名優二人を取り上げます。

小津作品には何人かの常連の俳優がいます。原節子、笠智衆、杉村春子、三宅邦子、佐分利信などの名前が思い浮かびますが、なかでも独自の存在感を示しているのが笠智衆です。

笠は『父ありき』『晩春』『お茶漬の味』『東京物語』『早春』『彼岸花』『お早う』『秋日和』『小早川家の秋』『秋刀魚の味』など多くの小津作品に主演していますが、その作品は圧倒的に多くの人々に愛され、親しまれています。その演技はもちろん、そこに醸し出される何とも言いがたい独自の雰囲気とその人柄が、人々を魅き付けたのでした。

笠智衆は一九〇四（明治三十七）年、熊本県玉名郡玉水村（現・玉名市）で住職をしていた父・淳心の二男として生まれました。一九〇三（明治三十六）年生まれの小津安二郎とはほぼ同年代ということになります。長男は父の勧める寺の勤行が嫌いで素行も悪かったので、父は二男の智衆に後継者としての期待をかけました。

しかし、笠は父の期待に反して、僧侶になるためにいったん入学した龍谷大学を退学し、東洋大学に進みます。そして在学中に友人に勧められて応募した松竹蒲田撮影所の俳優研究所の研究生に合格し、一期生として入所します。

蒲田では大部屋俳優としてスタートを切りますが、もともと訥弁《とつべん》で不器用であった笠はなかなか順応できず、その後十年以上も通行人やその他大勢の役の大部屋俳優をつとめることになります。しかし、その熱心さとひた向きさが小津監督の目にとまり、一九三六年の小津作品『一人息子』でようやく認められるようになりました。

笠は小津とのかかわりについてこう語っています。冒頭の言葉を含む一節です。


不器用な私の、どこが小津先生に気に入られたのだろうか。恐らく、私があまりにも不調法で出来が悪いものだから、先生としては、よし、ひとつ、こいつをものにしてやろうかという気持ちがあったのかも知れない。生来の怠け者である私を、まるで暗やみから牛を引き出すようにして、こうやれ、ああやれと指示しながら、無理やり一人の俳優に仕立て上げてくれたのだと思う。私も、先生に言われた通りにやっていただけだが、写真（映画＝注）が出来上がってみると、だんだんほめられるようになっていった。

（『俳優になろうか』）

映画評論家の佐藤忠男は、笠を主役に抜擢《ばってき》した小津作品『父ありき』（一九四二年）についてふれたあと、こう語っています。

「田中絹代、原節子、佐分利信、などなどなど、小津監督が繰り返し使った俳優は多いが、新人時代からたとえ端役でも殆ど全作品に出演してきた笠智衆はなかでも最もよく知っていた俳優だったわけである。その人柄、芸の質、どういう演技をさせたらどんな味わいが出るか、といったことを、たぶん本人以上に知っていて、それを念頭において企画をたて、脚本を書いたのであることは間違いない」（『映画俳優』）。

そういえば、ほかの小津作品にも、笠を念頭に置いて書かれたものがあるようにも思えますが、どうでしょうか。

戦後、日本映画が黄金時代を迎えると、笠も多くの作品に出演し、独自の演技力で、存在感ある名優としての地位を築いていきます。一九四九（昭和二十四）年の小津作品『晩春』では、父娘の二人暮らしで娘を嫁に出す大学教授としての父親役で好演し、注目されました。以降、『宗方姉妹』『麦秋』『お茶漬の味』など、小津作品の常連として出演を重ねていきます。

『東京物語』（一九五三年）では、尾道から上京し、息子や娘と久しぶりに再会した老夫婦が、あまり歓迎されずそのまま尾道に帰っていくというストーリーの作品で、その老夫婦役を東山千恵子と共演し、人生のわびしさ、老境の生きざまをしみじみと演じました。この作品が高い評価を受けたことは周知のとおりですが、今でもテレビ等でしばしば放送され、多くの人々の感動を誘い、高齢化社会の現代に通じる、深いメッセージを伝えるものでもあります。

また山田洋次監督作品では、『男はつらいよ』シリーズの柴又帝釈天の住職として親しまれたほか、同監督の『故郷』『家族』での好演も印象に残るものでした。

テレビでも、山田太一脚本の『ながらえば』『冬構え』『今朝の秋』などで主役をつとめました。とくにＮＨＫ名古屋放送局制作の『ながらえば』は、モンテカルロ国際映画祭で最優秀賞を受賞した作品ですが、作品のメッセージとともに、笠の演技は深い感動を呼びました。

数々の名作を残し、その渋さと枯れた演技で多くの人々を魅了し、独自の存在感を示したこの名優は、一九九三（平成五）年、膀胱がんのため、横浜市の病院で亡くなりました。享年八十八歳でした。小津安二郎とはほぼ同年代の生まれでしたが、笠は、六十歳で死去した小津より三十年近くも長生きしたことになります。

もし小津がもう少し長く生きていたら、二人の年輪を感じさせる、さらなる秀作が生まれただろうと思われ、残念でなりません。

笠智衆の墓のある成福寺は、JR横須賀線の北鎌倉駅と大船駅のちょうど中間に位置しています。茅葺《かやぶ》きの山門のあるこの寺は、著名人たちの眠る鎌倉の寺から少し外れて静かな佇《たたず》まいを見せ、独りでひっそりと眠りたい――そんな笠智衆の人柄を偲ばせるようなロケーションにありました。


黒澤作品に欠かせない俳優として、三船敏郎とともに志村喬をあげることに躊躇《ちゅうちょ》はありません。志村は、黒澤の名作といわれる作品の多くに出演しています。『羅生門』『野良犬』『七人の侍』『用心棒』『椿三十郎』『生きる』など、いずれも広く親しまれた作品です。もちろん、黒澤作品以外にも『男ありて』(丸山誠治監督)などに出演していますし、数多くの賞も獲得しています。まぎれもなく、日本映画史を代表する名優といえます。

志村喬は一九〇五(明治三十八)年、兵庫県朝来郡生野町に生まれます。黒澤より五歳年長ということになります。県立神戸一中(現・県立神戸高等学校)から、父の転勤で、宮崎県立延岡中学校(現・県立延岡高等学校)へ転じ、一九二三年、関西大学予科に入学します。しかし、父の退職により学資の援助が得られなくなり、大学は夜間部に転じ、大阪市役所の臨時職員等をつとめます。

一九三〇（昭和五）年に近代座に入り、国内外の巡業に参加したりします。一九三四（昭和九）年には劇団に見切りをつけ、映画の世界を志して新興シネマ京都撮影所に入所します。

その後、日活京都に移りますが、ここで片岡千恵蔵、月形龍之介、嵐寛寿郎ら錚々《そうそう》たる名優たちと共演し、時代劇で作品を残しています。そして松竹太秦撮影所を経て東宝に移り、そこで黒澤明監督との出会いがありました。東宝に移るとき黒澤の面接を受けて、黒澤のデビュー作『姿三四郎』への出演を果たしたのでした。以降、黒澤作品には欠かせない存在感のある俳優としての不動の地位を獲得していったのです。

一九四九（昭和二十四）年には『野良犬』で、これもまた黒澤作品には欠かせない存在であった三船敏郎と共演し、毎日映画コンクール男優演技賞を受賞しています。

そして、『生きる』『七人の侍』『隠し砦の三悪人』『悪い奴ほどよく眠る』『椿三十郎』『天国と地獄』などの黒澤作品への出演が相次ぎます。いずれも、私たちの記憶に残る名作です。

志村の作品の中で最も強く人々の印象に残っているのは、やはり黒澤明監督の『生きる』でしょう。この作品は、世界的にもよく知られ、黒澤の最高傑作の一つとされています。

がんのため余命半年くらいという宣告を受けた市役所の市民課長（志村喬）が、その告知に衝撃を受け苦悩しつつも、あらためて生きることの意味を真剣に問い直し、その人生の終わりを見事に生ききるというストーリーの作品ですが、この作品での志村の迫真の演技が多くの人々に鮮烈な印象を残しました。とくに最後の、公園のブランコに揺られながら「命短し、恋せよ乙女」のフレーズを口ずさむ「ゴンドラの唄」のシーンが、見る者を圧倒しました。

このシーンで黒澤は「この世のものとは思えないような声で歌ってほしい」という注文をつけました。一瞬戸惑った志村でしたが、長年の付き合いから黒澤の意図を感じ取って表現したといいます。そういえば、あのラストシーンには黒澤と志村の執念みたいなものが込められているようにも思えます。

志村はこの作品と黒澤についてこう語っています。冒頭の言葉を含む一節です。

脚本を手にしたとき、黒さんの気持ちが痛いほどわかって、ジーンとした。おおげさなことを書くつもりはないが、自分を知ってくれる人のために精いっぱいやるのは男として当然のことだ。〝役者冥利〟に尽きる。こいつはひとつ、この期待を裏切らぬよう、やらずばなるまいと思うと、何がなし闘志のようなものがわいて来たのを覚えている。

(『わが心の自叙伝』)

海外の新聞でも、「主演の志村の演技は高く評価できる」（ニューヨーク・タイムズ）、「主演の志村の演技は完璧といっていい」（ヘラルド・トリビューン）など高い評価を受けています。「生きる意味とは何か」「死をどう受け入れるか」は、現代における大きな問いとなっています。黒澤にとって最高傑作のこの作品は、志村にとってもまた、最高傑作の一つとなりました。そして、その問いかけは、「老い」や「死」が最大のテーマである現代社会への、先見性に満ちたメッセージともなっています。

佐藤忠男は、一連の黒澤作品における志村の起用に関して、黒澤監督は人間のみじめさと偉大さという両極端を、極端な振れ幅の大きさをもって描く作家であり、それを一人の人物の中の矛盾として表現できる役者として志村喬は起用されたのだと思うと語っていますが（『映画俳優』）、この『生きる』において、志村はまさにそれに応える迫真の演技を見せました。

余談ですが、この「ゴンドラの唄」の作曲者は中山晋平です。また、「命短し、恋せよ乙女」の名フレーズのこの詩を書いたのは、歌人の吉井勇です。

かつて『東京多磨霊園物語』を書いたとき、中山晋平の墓に出会いました。『東京青山霊園物語』を書いたときは、吉井勇の墓に出会いました。そして、この鎌倉で、黒澤明と志村喬の墓に出会いました。「生きる」という名作が結ぶ四人の故人に出会えたことはまことに幸運であり、また、掛け替えのない感動の時間ともなりました。

志村は六十九歳のとき肺気腫を発症し、入退院を繰り返しながら仕事を続けましたが、一九八二（昭和五十七）年、風邪を引き容態が悪化、その生を閉じました。七十六歳でした。寒夜、「誰にも知られずひっそり死にたい」という、本人の遺志に沿った通夜と告別式でした。冷気をさえぎるもののない席に参列した人々に、三船敏郎が弁当や飲み物がちゃんと行き渡っているかとこまめに立ち働き、気づかいを示していたといい、それは見ているだけで涙がにじんでくるような、悲しみの表し方だったと、澤地久枝は書いています（『男ありて　志村喬の世界』）。

志村の死から十六年後に、黒澤は八十八歳で亡くなりました。かつて、自分を知ってくれる人のために一生懸命にやるのは男として当然のことで役者冥利に尽きると、黒澤への熱い思いを語っていた志村でしたが、志村がもう少し長生きしていたら、黒澤と組んださらなる名作が生まれていたに違いありません。

鎌倉瑞泉寺の志村の墓碑の前に立ち、そんな思いに駆られたのでした。

ものをつくるというのはどういう事なのか

私の作品系列の中に戦争を題材にした一連の作品がある。私はこれらの作品の中で戦争のおそろしさ、むなしさ、おろかさを一貫したテーマとして訴え続けてきたつもりである。

――小林正樹

最前線で敵の鉄砲玉が飛んでくる場所はつらいところ。逆にいえばそれが生きがい。いつまでも最前線にはいたい。

――大島渚

東京や鎌倉の霊園や古刹《こさつ》で多くの映画人たちに出会いました。その中で、黒澤明や小津安二郎など世界的な名監督といわれた、いわゆる巨匠に比べても遜色のない作品と独自の制作姿勢を貫いた二人の監督に注目しました。

『切腹』や『人間の條件』、そして『東京裁判』などの名作で知られる小林正樹は、一貫して反権力、反戦、平和、ヒューマニズムを訴える作品を作ってきました。

小林正樹は一九一六（大正五）年、北海道に生まれます。一九四一（昭和十六）年、早稲田大学文学部を卒業して松竹に助監督として入社、一九五二（昭和二十七）年に『息子の青春』

を監督第一作として発表します。

一九五九（昭和三十四）年から一九六一（昭和三十六）年にかけて日本人の戦争責任に真っ向から取り組んだ『人間の條件』六部作を九時間の大作として発表し、高い評価を受けます。一九六二（昭和三十七）年には『切腹』がカンヌ国際映画祭審査員特別賞を受賞し、国際的にも知られる監督となります。

『人間の條件』で主役を演じた仲代達也は、小林についてこう語っています。

今、三十年余りの歳月を経て気付くのは、先生と共に仕事した歳月の中で……いいいいいいいいいいいい、ものをつくるというのはどういう事なのか……その姿勢を身をもって体験できたことの尊さである。（中略）一生涯よりよきものを作り続けようということは、結局人間の気迫と執念、集中力と持続力、情熱と純粋性の問題だと五十歳を過ぎてはっきり思う。

小林正樹という人は、そのすべてを持っていて、しかもそうした凄い個性のもたらす、やっかいさ、人の世の中での生きにくさに一歩もたじろがず、厳然として自分を貫いている人だ。

（小笠原清・梶山弘子編『映画監督 小林正樹』）

小林という人物とその仕事に対する厳しさを、見事に描き出した言葉です。
また、長編ドキュメンタリーとして『東京裁判』（一九八三年）がありますが、小林はこの作品について、「この映画にも平和への悲願みたいなものが込められています。人間の業みたいなものを、世界の人にくみ取ってもらえたらと思っています」と語っています（前掲書）。冒頭の言葉は、こうした反戦、平和をテーマとした小林の志を感じさせるものですが、これに続く部分を含めてここに引いておきます。

私の作品系列の中に戦争を題材にした一連の作品がある。私はこれらの作品の中で戦争のおそろしさ、むなしさ、おろかさを一貫したテーマとして訴え続けてきたつもりである。完成、未完成のこれらの映画をたどっていくと行きつくところは、太平洋戦争の終着点であり、戦後の出発点である東京裁判（極東国際軍事裁判）という巨大な遺産にぶち当たってしまう。東京裁判への挑戦なくしてはわたしの戦争映画は終わらない、いつかは、私の戦争映画の集大成として正面から取り組みたい題材であった。（前掲書）

小林には、学生時代以来薫陶を受けた會津八一と映画監督の木下惠介という二人の心酔する人物がいました。小林はこの二人について、「僕にはいつも會津八一先生と木下恵介監督という二人の恩人に見せて恥ずかしくないものをという気持ちがありました。完璧主義を通したのも、そういう支えがあったからです」と語っています（前掲書）。

小林はまた、往年の名女優、田中絹代の又従弟にあたり、田中を深く敬愛し、子供もなく、がんを患っていた絹代の介護と生活の世話にあたりました。円覚寺の塔頭《たっちゅう》松嶺院にある田中の墓は小林正樹が建てたもので、一九九六（平成八）年、八十歳で没した小林自身もここに眠っています。

大島渚は一九三二（昭和七）年、岡山県に生まれます。父親の死後京都市に移住、一九五〇（昭和二十五）年、京都大学に入学、京大在学中は学生運動に傾倒します。一九五四（昭和二十九）年、松竹株式会社に入社。一九六〇（昭和三十五）年の監督作品『青春残酷物語』がヒットし、奔放さや反権威の姿勢を強烈に表現する「松竹ヌーベル・バーグ」の旗手とみなされます。一九六一（昭和三十六）年、松竹を退社し、一九七五（昭和五十）年「大島渚プロダクション」を設立、一九七六（昭和五十一）年の『愛のコリーダ』は当局から猥《わい》褻《せつ》と判断され、裁判となりました。一九七八（昭和五十三）年の『愛の亡霊』は第三十一回カンヌ国際映画祭で監督賞を受賞しました。

一九八三（昭和五十八）年にはデヴィッド・ボウイ、坂本龍一らを起用した『戦場のメリークリスマス』が公開され大きな話題となります。また、一九八〇年代よりテレビ界でも活躍、その歯に衣を着せぬ発言で広く知られるところとなりました。

一九九六（平成八）年、脳出血で倒れますが、夫人で女優の小山明子の介護もあり復帰、一九九九（平成十一）年『御法度《ごはっと》』が公開されます。二〇〇〇（平成十二）年には紫綬褒章を、二〇〇一（平成十三）年にはフランス芸術文化勲章を受章し、その後もリハビリを続けつつテレビ出演も果たしましたが、二〇一三（平成二十五）年、肺炎により八十三歳で死去しました。

八十年余りの大島の生涯は、社会の不条理に対する怒りと闘いの連続でした。その大島の心情を如実に物語るのが、冒頭の言葉です。

最前線で敵の鉄砲玉が飛んでくる場所はつらいところ。逆にいえばそれが生きがい。いつまでも最前線にはいいたい。

これは二〇一五（平成二十七）年に放送されたＮＨＫテレビ「あの人に会いたい」で語られた言葉ですが、この番組の中では、こうした大島の人生観が語られています。

最後に、大島の座右の銘として、色紙などにもよく書かれた言葉を引いておきます。

深海に生きる魚族のように、自らが燃えなければ何処にも光はない。

この言葉は、大島自身の言葉ではありませんが、大島が生涯大切にしていた言葉です。作者は二十五歳でハンセン病に冒され、孤独と病苦に闘いながら短歌などの創作活動を続けた一九〇一（明治三十四）年生まれの歌人・明石海人《かいじん》です。難病と闘いながらその闇の中に一縷《いちる》の光を求め続けた海人の作です。

大島はこの言葉に深い衝撃を受け、自身の生涯の言葉としたのでした。

大島の長男・次男である大島武と新は、その著作の中でこう書いています。

「なぜあえて海人だったのか。京都大学で学生運動、学生演劇に明け暮れる日々の中、彼は〈この不条理な世の中と自分はいかに折り合いをつけていくのか〉について常に煩悶していたことを、著書の中で告白している。突然の病、そのたった一つの〈天刑〉で、名前も家族も職業も自由に歩き回ることも奪われた人生、これ以上はない不条理の中で、自分に光をあてられるのは自分しかないと叫んだ海人の言葉は、その心情とぴったりと合ったのだろう」（『君たちはなぜ、怒らないのか』）

大島は自分のサインには名前だけでなく、必ずこの言葉を書いていました。鎌倉の建長寺の塔頭回春院の大島の墓碑には、大島自らの筆によるこの言葉が刻されています。

こうして、小林正樹と大島渚の人生と言葉を味到するとき、先に仲代達也が語っていたように、そこに人間の気迫と執念を感じ、「ものをつくるというのはどういう事なのか」ということの深い意味を感じ取ることができるように思います。

うまい役者より、いい役者になれ

役者というものは花が大事です。花とはいわゆる〝はなやかさ〟〝色気〟〝つや〟〝気品〟などを意味します。どんな役でもそういう要素が必要なわけで、私もこの花を忘れることなく、いのちの続く限り舞台に立ちたいと思っております。

――六代目中村歌右衛門

六代目は〈自分の雰囲気をつくれ〉と言いましたし、播磨屋のおじさん（初代吉右衛門＝注）は〈うまい役者になるより、いい役者になることを心がけろ〉と言っていましたけど、この二人の言葉をプラスするといい雰囲気が出ると思うんです。

――二代目尾上松緑

映画の名監督たちの言葉に続き、歌舞伎役者たちも、心に届く名言を残しています。東京・鎌倉の諸霊園には、歌舞伎界を代表する綺羅星《きらぼし》のごとき名優たちが眠っていました。その中から、二人の名優の遺した言葉を取り上げます。

六代目中村歌右衛門は戦後歌舞伎界を代表する女形といわれ、「女形の至宝」とも呼ばれました。歌右衛門が、役者にとって大切な「花」について語ったのが冒頭の言葉です。

六代目歌右衛門は一九一七（大正六）年、五代目歌右衛門の次男として生まれ、本名は河村藤雄で、墓碑の正面にはその名があります。初舞台は一九二二（大正十一）年、東京新富座の『真田三代記』でした。一九三三（昭和八）年に兄・成駒屋五代目中村福助が死去し、六代目福助を襲名します。翌年、六代目中村芝翫《しかん》を襲名、名優中村吉右衛門のもとで女形としての修行を積みます。吉右衛門劇団では相次ぎ大役をつとめ、その恵まれた美貌と磨かれた芸で、高い人気と評価を勝ち取っていきました。

一九五一（昭和二十六）年には六代目中村歌右衛門を襲名しています。

歌右衛門にとっての最高の栄誉は一九五三（昭和二十八）年の天覧歌舞伎でした。その日は昼の部で天皇が観劇し、夜の部には秩父宮妃と吉田茂首相、翌日には皇太子、そして来日中のアメリカ副大統領ニクソン夫妻が観劇しました。

さらに歌右衛門にとっては数々の受賞と栄誉が続きました。一九六二（昭和三十七）年には芸術院賞を受賞、授賞式で天皇から励ましの言葉を受けました。その翌年には芸術院会員に選ばれ、そして一九七九（昭和五十四）年には文化勲章を受章しています。

この間、海外公演にも積極的に参加し、アメリカ本土、ハワイ、カナダ、イギリス、ドイツ、フランスなどを歴訪しています。

歌右衛門はその自伝(『私の履歴書』)の最後をこう結んでいます。冒頭の言葉を含む一節です。

いま歌舞伎は危機だといわれています。しかし歌舞伎の危機は明治の団菊が死んだ時からいわれていますが、いまだに滅びません。(中略)

私は歌舞伎は絶対に滅びないし、滅ぼしてはならないと思っております。

私自身も及ばずながら関係者の皆さんと手を携えてよりよい芸を残していきたいと思っております。それと役者というものは花が大事です。花とはいわゆる〝はなやかさ〟〝色気〟〝つや〟〝気品〟などを意味します。どんな役でもそういう要素が必要なわけで、私もこの花を忘れることなく、いのちの続く限り舞台に立ちたいと思っております。

二〇〇一(平成十三)年三月、体調の悪化していた歌右衛門は慢性呼吸不全のためその生を閉じました。享年八十四歳、日本の芸能界を代表する役者として二十世紀を駆け抜けた生涯でした。

松竹社長・永山武臣は弔辞の中で、「〈一つの時代は、時代を代表する俳優を持つべきである〉というのは、あなたの芸に深く傾倒していた三島由紀夫さんが『六世中村歌右衛門序説』

で書いた言葉ですが、真実あなたは五十年におよぶ戦後日本を代表する俳優でした。（中略）歌右衛門さん、どうかいつまでも歌舞伎の行く末を見守っていて下さい」と語りかけました（「演劇界」二〇〇一年七月号）。

歌右衛門の死後二十年余り、新装成った歌舞伎座で、歌舞伎はいま新しい時代を迎えようとしています。

六代目歌右衛門は、役者にとっての「花」の大切さについて語っていましたが、役者にとって大切なものは「雰囲気」を作ることであると語ったのが、二代目尾上松緑です。冒頭の言葉がそれです。二代目尾上松緑は先人の芸を今に最もよく伝える歌舞伎界の重鎮といわれた役者で、また日本舞踊藤間流の家元としても知られています。

二代目松緑は、本名・藤間豊で、一九一三（大正二）年、七代目松本幸四郎の三男として東京浜町で生まれました。長兄には、十一代目市川團十郎、次兄に八代目松本幸四郎（現・白鸚）がいます。

一九一九（大正八）年に暁星小学校に入学、在学中関東大震災で罹災し、一時大阪に避難します。帰京後、一九二七（昭和二）年、十四歳で六代目尾上菊五郎に師事します。

一九三五（昭和十）年には、二十二歳で二代目尾上松緑を襲名します。一九四一（昭和十六）

年には二度目の召集で満州へ出征します。太平洋戦争開戦の年で、戦時体制は急速に強化され、それは芸能界にも及び、やがて一九四四（昭和十九）年には各劇場は閉鎖されてしまいます。

戦後、劇場は再開され、舞台活動は復活します。しかし一九四九（昭和二十四）年、父・七代目松本幸四郎、師の六代目尾上菊五郎が相次いで他界するという不運に遭遇します。

松緑は父の死に目に会えませんでしたが、ただ、役者にとって舞台は戦場であり、役者というのは出演中は自分の体の故障以外は休めない因果な職業であると語り、日ごろ師匠の六代目が「親の死に目に会えるような役者になるな」と話していたことを思い出して、ただ瞑目したと書いています（『私の履歴書』）。

その後の松緑の活躍は目覚ましく、立役としてその恰幅《かっぷく》のいい体型を生かして世話物や舞踊に優れた芸を見せました。一九五一（昭和二十六）年には『若き日の信長』の平手中務で芸術祭奨励賞を受賞しています。

しかし、昭和三十年代の半ばごろから新しいメディアであるテレビが急速に普及し始め、歌舞伎にとっては大いに脅威となりました。

やがて歌舞伎の人気も回復してきましたが、松緑はこの新しいメディアや新劇へと芸域を広げていきました。NHKテレビの大河ドラマ第一作『花の生涯』で井伊直弼、『勝海舟』で勝小吉、『草燃える』では後白河法皇を演じました。また、新劇では『オセロ』『シラノ・ド・ベルジュラック』などに出演しています。

松緑は、歌舞伎を中心に、幅広い業績が評価されて、テアトロン賞、重要無形文化財保持者、芸術院賞、文化勲章などの栄誉に輝いています。

幅広い芸域を誇り、数々の受賞に輝く松緑ですが、松緑は歌舞伎役者にとって一番重要なことは、「雰囲気を持つ」ということだと言い、こう語っています。冒頭の一節です。


六代目は〈自分の雰囲気をつくれ〉と言いましたし、播磨屋のおじさんは〈うまい役者になるより、いい役者になることを心がけろ〉と言っていましたけど、この二人の言葉をプラスするといい雰囲気が出ると思うんです。

（「演劇界」一九八三年十月号）


時代を代表する名優の、芸の心を語る言葉です。

昭和が終わりを告げた一九八九（平成元）年六月、松緑は急性肺炎のため入院先の関東逓信病院で逝去します。七十六歳でした。

松緑の眠る鎌倉霊園には、松緑の墓碑に隣接して、あの名優、二代目中村鴈次郎が眠っています。

最後に、その鴈次郎の含蓄のある言葉を引いておきます。

どんな仕事でもそうでしょうが、特にわれわれの社会では楽をしようと考えてはいけないということです。一般社会では年をとると出世してあまり身体を動かさなくなりがちですが、幸い私どもの方は五十すぎたころ芸が円熟してきて、いい役がついていそがしくなります。

（『私の履歴書』）

第十章　人間への眼差し

美しくて醜く、神であり悪鬼であり

弱くて強く、美しくて醜く、柔軟で逞《たくま》しく、和やかで険《けわ》しく、神であるとともに忽《たちま》ち悪鬼に変ずるのがわれわれ人間である。
——野上弥生子《やえこ》

善意と悪意、潔癖と汚濁、貞節と不貞、その他もろもろの相反するものの総合が人間の実体なんだ。
——山本周五郎

人間とはなんと不可解な存在なのでしょうか。永遠の課題です。そんな人間について語られた言葉にも数多く出会いました。

野上弥生子は夏目漱石に師事し、英文学者で能楽研究家でもあった夫・豊一郎に先立たれた後、百歳の長寿を全うするまで創作活動を続けました。冒頭の言葉は、その「断片」の中の一節です。

野上弥生子は一八八五（明治十八）年、大分県臼杵町（現・臼杵市）に酒造家小手川角三郎とマサの長女として生まれました。小学校卒業後、才気煥発のこの少女は、当時まだ稀有《けう》の例であった女学校への進学を決意します。そのころ臼杵の町には女学校がなく、東京の叔父・小手川豊次郎のもとに寄宿し、明治女学校に入学します。

　その規則や伝統にとらわれない自由な雰囲気は弥生子に合っていたようで、この学校で学んだことは、彼女に大きな影響を与えました。授業のほかに、時折各界の名士の講演会が開かれたりしていましたが、生徒たちにとってはこれも大きな刺激になっていたようで、弥生子はとくに内村鑑三の講演に感動したと語っています。

　在学中、英語の家庭教師をつとめたのが、のちに夫となる野上豊一郎でした。豊一郎は弥生子より二歳年長ですが、弥生子と同じ臼杵町の出身で、当時、東京帝国大学英文科に在学中でした。豊一郎が夏目漱石の門下であったこともあり、弥生子は漱石に学び、影響を受けることになります。

　一九〇六（明治三十九）年、明治女学校卒業後、豊一郎と結婚しますが、その翌年には、高浜虚子の「ホトトギス」に『縁』を発表して作家デビューしています。

　その後、『海神丸』『真知子』『迷路』等を発表しますが、八十歳を目前にして書いた『秀吉と利休』は、政治の世界の人間秀吉と芸術家である人間利休の対立と葛藤を描いたものとして高い評価を受けました。

　弥生子はその幅広い交友と思索から紡ぎ出された多くの言葉を遺していますが、その一つが冒頭の言葉です。

このような弥生子の人間観は、多くの人々と重なるところがあるように思われます。その一人が哲学者、西田幾多郎です。

弥生子の言葉を再掲し、西田の言葉と並べてみます。

弱くて強く、美しくて醜く、柔軟で逞《たくま》しく、和やかで険《けわ》しく、神であるとともに忽《たちま》ち悪鬼に変ずるのがわれわれ人間である。

（野上弥生子「断片」）

人間は神にもなれずさりとて悪魔となりて満足することもできず、つまり五里霧中に彷徨《ほうこう》する哀れな生物である。

（西田幾多郎『人心の疑惑』）

日本を代表する文学者と哲学者が、共鳴するような人間観を語っているのに深い興味を覚えました。

また、弥生子は、先に述べたように若いころから夫・豊一郎とともに、夏目漱石の薫陶を受けています。そんな漱石の人間観を物語る言葉の中から、先の言葉と重なるフレーズを二、三引いておきます。

今に人間が進化すると、神様の貌《かお》へ豚の睾丸を付けたような奴ばかり出来て、それで落ち着きが取れるかもしれない。

（『虞美人草』）

自分で自分の鼻の高さが分らないと同じ様に、自己の何物かはなかなか見当がつき悪《に》くい。

（『吾輩は猫である』）

冒頭のもう一つの言葉は山本周五郎の代表作『ながい坂』の一節です。周五郎は、常に弱い庶民の立場から人間や社会や時代を見つめた、独自の作風で知られる作家ですが、その鋭い人間観察から、深いメッセージを伝える言葉を数多く遺しています。

冒頭の言葉は、先の野上弥生子の言葉と深く響き合っています。

山本周五郎の人と作品については先に書きました。

『ながい坂』は、下級武士の子に生まれながら学問と武芸に励み、さまざまな障害を克服しつつ成長していく主人公、三浦主水正の物語ですが、文芸評論家の清原康正は、人生の長い坂を一歩一歩、着実に登っていく主人公の姿に、周五郎の生き方や理念の影を見出すことができると書いています。

たしかに、名もなき庶民に寄り添うように書かれた周五郎作品には、周五郎の思いや人間観を鮮明に読み取ることができるように思います。冒頭の言葉と重なる言葉のいくつかを、周五郎の作品に見てみます。

人間は善と悪を同時に持っているものだ、善意だけの人間もないし、悪意だけの人間もない、人間は不道徳なことも考えると同時に神聖なことも考えることができる、そこにむずかしさとたのもしさがあるんだ。

(『ながい坂』)

善と悪、是と非、愛と憎しみ、寛容と偏狭など、人間相互の性格や気質の違いが、ぶつかり合って突きとばしたり、押し戻してまた突き当ったり、休みなしに動いている。こういう現実の休みない動きが、人間を成長させるのだ。

(『おごそかな渇き』)

この世を生きる人々の喜びや悲しみ、そんな人たちが織りなす世の中、周五郎はそんな世界を鋭く、深く、そして市井に生きる人々に寄り添いつつ描いていきます。周五郎の言葉が現代人の心に深く届くのは、その作品の底に、人間を見つめる温かい眼差しと、鋭い感性とが通奏低音のように流れているからでしょう。

馬になるより、牛になれ

牛はのろのろと歩く
どこまでも歩く
自然に身を任して
遅れても、先になっても
自分の道を自分で行く

――高村光太郎

牛になる事はどうしても必要です。
吾々はとかく馬になりたがるが、
牛には中々なり切れないのです。

――夏目漱石

高村光太郎の「道程」については、先にふれました。その詩集『道程』に収められているのが、「牛」です。よく知られた光太郎の作品で、全部で百十五行にわたる長編です。冒頭に掲げたのはその一節で、一部省略してあります。

この詩は教科書にも採用されたりして、若者向けに語られた人生訓としても読むことができます。自分の信念と志を大切にし、時流に流されずに、愚直に生きていくことの重要性を語ったものとして、しばしばその言葉が引用されます。

しかし、この詩には、もっと広い読者の支持もあるようです。もう百年以上前（一九一三年）の作品ですが、現代にも深く通じるものがあるように思います。

その書き出しの部分を含めて、一部を抜粋しておきます。

牛はのろのろと歩く
牛は野でも山でも道でも川でも
自分の行きたいところへは
まつすぐに行く

牛は後《あと》へはかへらない
足が地面へめり込んでもかへらない
そしてやっぱり牛はのろのろと歩く
それでもやっぱり牛はのろのろと歩く

何処までも歩く
自然を信じ切って
自然に身を任して
がちり、がちりと自然につつ込み食ひ込んで
遅れても、先になっても
自分の道を自分で行く

牛はのろのろと歩く
牛は大地をふみしめて歩く
牛は平凡な大地を歩く

キーワード「牛はのろのろと歩く」のリフレインが効果的です。

〝のろのろ〟という言葉は、今この時代が切り捨ててきたものです。スピードと効率が支配的な価値を持つ時代にあっては、それは当然の結果でしょう。

しかし、混沌として不透明なこの時代、どちらかといえば否定的に捉えられてきたこの言葉の意味を、もう一度振り返ってみることも必要かと思います。

ここでふと、あの放浪の俳人・種田山頭火の「旧道を歩く人生」という言葉を思い出しました。山頭火はしばしば、「生々流転、雲の如く行き、水の如く歩み、風の如く去る」と語っていました。そして、「従容として流れるままに生きる」、それが山頭火流人生でした。それは効率と利便性を求めて開発された新道よりも、自分の脚で自分の歩幅で歩ける〝旧道を歩く人生〟といってもいいでしょう。

その山頭火に、「旧道」と題された短文があります。

新道はうるさい、おもむきがない、歩くものには。
自動車が通らないだけでも旧道はよろしい。
旧道は荒れている、滅びゆくもののうつくしさがある。
水がよい、飲むによろしいようにしてある。
山の旧道、水がちろちろ流れるところなどはたまらなくよい。

（『其中日記』昭和九年）

旧道を歩く人生――自分のペース、自分の歩幅で人生を歩く、そのことの意味をあらためて考えさせられる言葉です。

冒頭の漱石の言葉は、芥川龍之介・久米正雄宛の書簡にあるものです。この一節を含めて、原文から引いておきます。

牛になる事はどうしても必要です。吾々はとかく馬になりたがるが、牛には中々なり切れないのです。僕のような老獪《ろうかい》なものでも、只今牛と馬とつながって孕《はら》める事ある相の子位な程度のものです。あせっては不可《いけま》せん。頭を悪くしては不可せん。

根気づくでお出でなさい。

漱石とその業績についてはもう人口に膾炙《かいしゃ》していますので、ここで蛇足は避けますが、その作品を通じて近代日本の病弊を鋭く指摘したことでもよく知られています。

牛の歩みは遅い、馬は速い、しかし漱石は馬の速さよりも、牛の遅さ、つまり遅くとも着実に一歩一歩前へ進んでいくことの大切さを語っています。それは、この国のあまりにも拙速な近代化への前のめりの動きを牽制しているようにも思います。そうした時代の奔流を批判しつつ、個人の生き方としても拙速主義を戒め、自身のペースで着実に歩くことの大切さを強調しているように思います。

先の漱石の言葉と響き合うようなフレーズを、山本周五郎の作品の中に見つけました。


一足跳びに山の頂点へ上がるのも、一歩、一歩としっかり登ってゆくのも、結局は同じことになる。

（『ながい坂』）


「牛歩」という言葉があります。一般的には、遅い、のろいなど否定的に使われることが多いようですが、漱石も周五郎も、それを肯定的な意味に転換しています。

あるとき多磨霊園を歩いていて、ある鮮烈な文字が目にとまりました。ひらがなで一言、

ゆるり

という文字のみが大きく書かれた墓石でした。もちろん、無名の人の墓碑です。

この言葉に対面して、この人の送った悠々たる人生が偲《しの》ばれて、短いこの一言が、なんと雄弁に語りかけてくるのだろうと思いました。そして、こんな言葉を遺した人に一度会ってみたかったという思いに駆られました（拙著『墓碑をよむ』から）。

羨《うらや》ましくもあり、凡俗にはなかなか真似はできそうにもありませんが、しかし心に留め置きたい言葉です。同じこの霊園では、この言葉と共鳴する「のんびり」「悠々」「悠」「泰」などの文字が大きく書かれた味わい深い墓碑にも出会いましたが、何よりこの「ゆるり」の迫力は圧倒的でした。

私たち現代人にとって、効率性、成果主義、速効性など、組織やしがらみの中で長年にわたって体にしみ込んだ意識や価値観から抜け出すのは容易ではないかもしれません。しかし、日ごろ漠然と感じていた疑問や問いが、やがて立ち現れてくる時期があります。

自分が生きてきた人生は本当の自分の人生だったのか、これからはもっと違う生き方があるのではないかという問いは、人生のある時期に誰もが直面する問いかけです。五十代、六十代という時期は、その問い直しに向き合う大きなチャンスです。

仕事や組織から離れることは容易ではありません。しかし、ときどき組織から一定の距離を置き、物差しを変えることによって、より広い視野から自分を見つめることができるようになります。見えなかったものが見えるようになります。昨日とは違う新しい風景が広がってきます。

それは「速歩の人生」から「牛歩の人生」へ、そして、先の山頭火に倣《なら》えば「旧道を歩く人生」への転換といってもいいかもしれません。

一隅を照らす

一切の生きとし生けるものは
幸福であれ安穏であれ安楽であれ
一切の生きとし生けるものは幸であれ
何びとも他人を欺《あざむ》いてはならない

——中村元

文明といい開化といえば、人皆直《ただち》に法律の完備、若《も》しくは器械の精良等を以て之を証憑《しょうひょう》と為すと雖《いえど》も、余は独《ひと》り該社（博愛を基本とする当社）の此の如く忽《たちま》ち盛大に至りしを以て、之が証憑となさんとす。

——佐野常民

冒頭の言葉は、多磨霊園の中村元の墓碑のかたわらの大きな墓誌に書かれていました。その鮮明で迫力ある文字は、力強く、そして温かく語りかけるようでした。「慈しみ」と題されたその碑文の全文を掲げておきます。

慈しみ
一切の生きとし生けるものは
幸福であれ安穏であれ安楽であれ
一切の生きとし生けるものは幸であれ
何びとも他人を欺いてはならない
たといどこにあっても
他人を軽んじてはならない
互いに他人に苦痛を与えることを
望んではならない
この慈しみの心づかいをしっかりとたもて
中村元訳

これはブッダの言葉ですが、インド哲学、仏教思想研究者としての中村元の、長年の研究の中からとくに厳選された言葉であろうと思われます。

この言葉に関して、中村はほかのところでこう語っています。

この世に生を享《う》けた者であるからには、お互いに幸せに暮らすように、と願うのは、人びとの真実の心情でしょう。〈われも人の子、かれも人の子〉という思いをもって人びとが進んでいくならば、人びとが争うということもなくなるでありましょう。

（『仏典のことば』）

中村元は一九一二（大正二）年、島根県松江市に生まれ、東京帝国大学でインド哲学を専攻し、同大教授をつとめます。インド哲学、仏教思想史の研究で大きな成果を残し、一九五七（昭和三十二）年には『初期ヴェーダーンタ哲学史』で学士院恩賜賞を受けるなど、その研究は国際的にも高く評価されています。その後、東方学院を設立し、若い研究者の研究と発表の場を提供するとともに一般人にも開放し、その知的な要求に応える場ともなりました。

また、一般向けの著書やテレビの教養番組の出演などを通じて、難解で奥の深い学問をできるだけわかりやすく語るという姿勢は、その人柄とともに広く親しまれました。

専門の分野のみならず、東洋思想や日本思想そして現代人の心の問題などについて広く発言し、多くの著作を残し、一九七七（昭和五十二）年には文化勲章を受章しています。

中村は生涯にわたって研究と著作に取り組みました。そこには、老いてもなお一研究者として新しい進路を拓くべきだ、という強い信念がありました。「老人になったら、引退して、悠々自適、後進を育成して……と言われるが、私はそのようには思わない。老人が真っ先に立って新しい学問を開拓する必要がある」と語っています。この中村の気概は、先に取り上げた、ゴールなき学究の道を語った鈴木大拙や西田幾多郎の言葉と深く響き合っているように思われます。

「生涯一研究者」を通した中村でしたが、一九九九（平成十一）年十月、急性腎不全のため、東京杉並の自宅で死去しました。享年八十六歳、文字どおり二十世紀を生き抜いた「知の巨人」でした。

墓誌のブッダの言葉には、先に見たように「慈しみ」という言葉の深い意味が語られています。それは、いま、私たちが生きているこの時代が失いつつある大切なことを語りかけているようにも思います。

人々は、こうした言葉を大切にしてきました。「慈しみ」のほかにも、この霊園にある墓石の正面に大きく「慈」という言葉を刻んだ墓碑が実に四十二基もありました。「慈愛」が八基ありました。あらためてそのことの意味と重さを実感した次第です。

私事にわたりますが、かつて拙著（『こころの出家』）が縁で、比叡山延暦寺の講演に招《よ》ばれたことがあります。そのときに、「一隅を照らす」という最澄の言葉に出会いました。帰ってから中村元の著作を繙《ひもと》いていたとき、やはりこの言葉に出会いました。中村は最澄の、「一隅を照らす、此れ即ち国宝なり」(一隅を照らす者、かれこそは国の宝である) について、こう解説しています。

私たちはともすれば、自分のやっている仕事が何になるだろうと悩む。自分がいてもいなくても世の中はなんら変わらないだろうと、自分の存在意義に疑問をいだき、生きていてもしかたないのではないかと思う。(中略) しかし、人に認められることなど期待せずに、ひたすら道にはげみ、一隅を照らすような気持で努力することこそ真に貴い、と最澄は教えているのである。

(『仏教のことば　生きる智慧』)

これもまた、現代に生きる深い言葉であると思います。そこに、目立たなくとも凡庸でも欠点があろうとも、それでいいのだ、そんな自分をそれぞれが大切に生き切ることこそ肝要なことなのだ、そんな励ましを汲み取ることができるように思います。

中村はこうした仏教の言葉の深い意味を、今日私たちが直面する課題を踏まえつつ、自分の言葉でなるべく平易に語ろうとつとめています。

中村元と同様に、佐野常民もまた、博愛、仁、慈しみという言葉を大切にしてきました。佐野常民という名前は、今では知名度はそれほど高くありませんが、日本赤十字社の創立者であり、明治日本の黎明期に近代化のために幅広く尽力した人物でもあります。

佐野常民は一八二二（文政五）年、肥前国佐賀郡（現・佐賀市）に生まれます。藩校弘道館に学んだあと大阪の緒方洪庵の適塾で学びます。江戸へ出て伊東玄朴に学んだあと佐賀に帰り、佐賀藩士として海軍の創設などに尽力します。

一八六七（慶応三）年、パリの万国博覧会に参加し、そこで「博愛」を基本とする国際赤十字の組織と活動に接し、感銘を受けます。一八七七（明治十）年の西南戦争では敵味方の区別なく手当てをする救護組織の必要性を訴え、「博愛社設立請願書」を政府に提出し許可を受けます。

冒頭の言葉は、日本赤十字社の前身にあたる博愛社の社員総会での佐野の講義の一部です。

文明といい開化といえば、人皆直《ただち》に法律の完備、若《も》しくは器械の精良等を以て之を証憑《しょうひょう》と為すと雖《いえど》も、余は独《ひと》り該社（博愛を基本とする当社）の此の如く忽《たちま》ち盛大に至りしを以て、之が証憑となさんとす。

「器械の精良」とは広く科学技術の発展を指し、「証憑」とは事実を証明する根拠という意味で、今風にいえば「エビデンス」ということでしょう。

通常、文明開化といえば、法律や制度の整備、あるいは科学技術の発展を指すと考えられますが、佐野はそうではなく、博愛を基本とする人道的な組織の発展こそが文明開化の根拠、証左となされねばならない、と語っているのです。

ちなみにこの博愛社という名称は、中国唐代の詩文家である韓愈の「原道」の冒頭の「博愛之を仁という」から採ったものです。まさに慈しみは博愛であり、仁なのです。

とすると、言葉のルーツは違いますが、文明社会の基本は「博愛」にありと語る佐野の言葉と、「慈しみ」や「一隅を照らす」という言葉の重さについて語り続けた中村の言葉とは、深く響き合っているように思います。

この博愛社が前身となって、一八八七（明治二十）年、日本赤十字社が設立され、佐野は初代社長として、その後二十五年間にわたりその職責を果たし、また政府の要職もつとめました。

佐野の博愛の思想とその言葉につながるものとして、多磨霊園に眠る一人の作家の言葉を引いておきます。

米軍が俘虜に自国の兵士と同じ被服と食糧を与えたのは、必ずしも温情のみではない。それはルソー以来の人権の思想に基づく赤十字の精神というものである。

（大岡昇平『俘虜記』）

太平洋戦争中のフィリピンでの過酷な前線体験に基づく作者の言葉です。

日本赤十字社は草創期に日清戦争などで救護活動に尽力し、その後現在に至るまで戦争や災害における救援活動を展開しているのは、よく知られているとおりです。

しかし、その創設に尽力した佐野常民のことについて知る人は少なくなりました。

ところで、慈しみとか博愛というと、いかにも古い美徳を語るイメージを持たれる向きもあるかもしれませんが、決してそうではありません。これは日本人に限らず、世界の人々にとって長く語られ、大切にされてきた言葉です。古くて、新しい言葉です。

余談になりますが、そのことに関連して最近「人間の本質は善である」ということを、人類史、心理学、思想史、経済史など諸学の成果を批判的に検証しつつ論じた、オランダ人歴史家ルトガー・ブレグマンの『Humankind　希望の歴史』（上・下）が広く読まれ、注目されているという事実も、とても興味深いことのように思います。私も一気に読了しましたが、多少気になる点はあるものの、なかなか刺激的で示唆に富む著作でした。ブレグマンは、「現代が抱える難問に立ち向かおうとするのであれば、人間の本性についての考え方を見直すところから始めるべきだろう」「勇気を持とう。自分の本性に忠実になり、他者を信頼しよう。（中略）自らの寛大さを恥じないようにしよう」「私たちが大半の人は親切であると考えるようになれば、すべてが変わるはずだ」と語っています。

視界不良の閉塞感や無力感、そして生きづらさが加速していく現実に直面するいま、そもそも人間の本性とは何か、そして人生にとって大切なこととは何かについて、先人たちの言葉を振り返りつつ、そしてまた気鋭の同時代人たちの言説に耳を傾けながら、立ち止まって考えてみることも、意味のあることではないかと思います。

心友《とも》ありて

ゆく春のひと日の夕べいそぎ来て
君がおくつきをわれ去りあえず

——斎藤茂吉

気のおけない古い友人と飲む酒ほど、うまいものはない。

「今夜の酒はうまい」

——藤沢周平

多磨霊園では、長年の友人・神保孝太郎の墓を訪ねてきた斎藤茂吉が詠んだ歌の歌碑にも出会いました。それが冒頭の歌です。

茂吉は山形県出身の精神科医で、よく知られているとおり、日本を代表する歌人です。

冒頭に引いた歌を刻した墓碑は霊園のほぼ中央、バス通りに面したところにあり、その左手の歌碑には、「昭和十四年この墓完成の後、同じ山形県出身にして、故神保孝太郎の大学生当時よりの親友アララギ派歌人斎藤茂吉氏一人来られて詠まれしもの」とあります。

繁忙な日常のなか、思い立ってやっと訪ねて来たものの、さまざまな思いが去来してなかなか去りがたい思いに捉われた心情を詠ったものです。

神保孝太郎は内科の権威で、精神科医でもあった茂吉は親しい作家たちに神保博士を紹介しています。芥川龍之介は一九二六（大正十五）年一月から二月にかけて湯河原の中西旅館で湯治していますが、二月五日には斎藤茂吉の紹介で神保孝太郎博士の診察を受けています（『芥川龍之介全集』第二十四巻）。また、斎藤茂吉の『島木赤彦臨終記』によると、茂吉と同じアララギ派の歌人島木赤彦も胃腸病院の神保博士の診察を受けたことが記されています。

茂吉が神保をいかに信頼していたか、また親しい付き合いであったかを知ることができます。その長い付き合いの〝心友〟神保孝太郎の墓を訪ねたとき詠んだのが、先の歌です。「われ去りあえず」という言葉の意味の重さが、その親愛の情を物語っているように思います。

余談ですが、斎藤茂吉が創設した青山脳病院は、斎藤病院としてこの神保氏の墓のある多磨霊園のすぐ近くに移ってきています。それも何かの縁かもしれません。

人間、一定の年齢に達すると、さまざまな事態に遭遇します。

その一つが喪失の悲しみであり、その中で、肝胆相照らす仲でもあった友人との別れは、肉親との別れとはまた違った特別の心情を伴うものとなります。とくに、歳を重ねるとそのことを痛感するのです。

かの良寛には次のような一句もあります。

手を折りて昔の友を数ふればなきは多くぞなりにけるかな

また、作家・常盤新平に、三十年来の心友Tについて書かれた短章があります。その一部を引いておきます。

Tとは十日に一度は会って食事を共にするだろうか。会うのはたいてい昼ごろで、その二、三日前にどちらからともなく電話をかけて約束する。
会ってもべつに話すことはない。昼めしを食って、喫茶店でコーヒーを飲んで別れる。（中略）
Tと改札口で会うと、思わず顔がほころんでくる。なんでも打ち明けられる友に会えたという気持ちになるのだ。鮨を食べたいから会うのではない。彼の顔を見て、私は安心したいのだろう。
この気持ちはTにも通じているはずだ。そうでなければ、あんなに人なつっこそうな笑みを浮かべないだろう。彼の顔も心からよろこんでいるように見える。

「どうかね？　無事だったらしいね」
訊かれて、私は無事で風邪もひかなかったよと答える。

（『明日の友を数えれば』）

静謐《せいひつ》で淡々とした文章の中に、そして何気ない会話の中に、掛け替えのない友を思う深い心情と、彼らが過ごしたであろう豊かでいい、いい人生が偲ばれます。

藤沢周平の言葉は、代表作でもある『三屋清左衛門残日録』の中にある言葉です。

藤沢周平は市井の庶民や下級武士などの日常と哀歓を描く時代小説の名手といわれています。『蟬しぐれ』や『用心棒日月抄』などは広く読まれた代表作です。

ここで取り上げたのは、『三屋清左衛門残日録』の終わり近くの一節です。清左衛門と旧友の町奉行佐伯熊太とが酒を酌み交わす場面です。その場面を、一部省略しながら引いておきます。

その夜の酒は清左衛門もうまかった。酒もさることながら、ほどよい夜の寒さと酒の肴《さかな》のせいであったろう。（中略）

佐伯の鬢の毛が、いつの間にかかなり白くなっている。町奉行という職は心労が多いのだろう。

白髪がふえ、酔いに顔を染めている佐伯熊太を見ているうちに、清左衛門は酒がうまいわけがもうひとつあったことに気づく。気のおけない古い友人と飲む酒ほど、うまいものはない。

「今夜の酒はうまい」

清左衛門が言うと、佐伯は湯上げはたはたにのばしていた箸をおいて、不器用に銚子を摑むと清左衛門に酒を注いだ。

しみじみとした〝心友〟同士の心の通い合いが感じられる場面です。言葉は少なくとも、二人の長い交友と信頼感の深さが胸に届きます。無言で不器用に相手に応える佐伯の心情も熱く伝わってきます。

そして、人生において、そんな掛け替えのない友人を持つことが、いかに幸せなことかと思わせます。作家・高見順（墓所、東慶寺）は、こんな言葉を遺しています。

友人というのは、ただ黙って向かい合って座っているだけでも、

（『故旧忘れ得べき』）

自《おの》ずと心があたためられる

ほかにもさまざまな友情や交友のかたちがあります。鎌倉の古寺や霊園を訪ねたとき、そこに眠る故人たちの、ある交友関係に深い感銘を受けました。文藝春秋の社長をつとめた池島信平と作家・今日出海の付き合いです。

今日出海はこう語っています。

「男は時には気が滅入ることがあるものだ。そんな時、綿々と愚痴を述べる奴は男とは申し難いが、しかしそれでも滅入ったりした時、酒か友が欲しいものである。池島信平はかかる場合欠かせぬ友として誰からも、先輩同僚後輩からも慕われる因果な性分を持っていた。だが、池島とても侘びしい思いに、ふと捉われることがあるらしい。するとその相手に私が選ばれるのが今までの習いである」（『雑誌記者』）

羨《うらや》ましい限りです。こんな友人を持てることは最高の幸せといえます。特別親しいとか、頻繁に会うとか、刎頸《ふんけい》の友とかいうわけではないけれども、必要なとき、あるいは肝心なとき頼りになり、また支えてくれる、いわば〝心友〟とでもいうべき相手を持つことがいかに幸せなことか、そんなことを感じさせます。

それだけに、そんな掛け替えのない友人を亡くしたときの喪失感もまた、半端なものではありません。

作家・井上靖が小林勇（元岩波書店会長）について書いた文章があります。

「時々、小林さんが健在であったらと思うことがある。かなり烈しい思いで、小林さんと一緒になり、一緒に酒を飲みたいと思うことがある。年々歳々、そうした思いはしげく私を見舞いそうである。（中略）最近小林さんにも、池島（信平）さんにも、聞いて貰いたいようなことが、身辺にたくさんあることに気付く。そうした時の、そうしたことのできないと知った時の思いは格別である。人生の淋しさというものは、こういうことであろうかと思う」（『回想　小林勇』）

小林への熱い思いが語られています。

「人生の淋しさ」――そんなことを人は時折感じることがあります。でも、そんな淋しさを感じさせる交友を持つことのできた人生もまた、素晴らしいものであったといえます。

つらいとき、さびしいとき、心が折れそうなとき、何よりの支えになるのが心友の存在です。それは親友とも良友とも朋友とも違う、掛け替えのないない存在です。

長い交友のあった友人を偲ぶ渋沢秀雄の一句にも、多磨霊園で出会いました。

木の葉雨七十年の友逝けり

藤沢周平の墓は、東京の都心から遠く離れた都立八王子霊園にありました。緑の中の広大なこの霊園の特徴は、すべての墓域が芝生の墓地で、墓石もほとんどすべてが小ぶりな洋型に統一され、独自の静謐さに包まれていました。当然、藤沢の墓碑も、整然と並ぶ同型の墓碑の一つとして、その一角にありました。これがあの大作家の墓かという思いにふけりながらも、しかしそこに、あくまでも市井の人間の一人として静かに眠りたいという藤沢の思いを感じさせました。それはまた、あの鎌倉霊園で出会った山本周五郎の墓碑の武骨で素朴な佇《たたず》まいを思い起こさせるものでした。下級武士や民衆に寄り添った作品を数多く遺した二人の作家の意思が、そこに感じられる思いでした。墓碑のかたちや佇まいもまた、響き合うのでしょうか。

第十一章　生きるということ

〝精神的老衰〟をおそれよ

生きてるっていうことは、きのうよりきょうの方が一歩つけ加えてね、きのうの自分に何か一つ新しく加わったもんでなくちゃならないと思えるんですよね。だから、自分をおろそかにするもんじゃない。勉強はおこたれないですね。

――小倉遊亀

精神的老衰をおそれなければならない。真の長命とは、未解決の問題を背負って生きぬいてゆくことである。自己満足は最大の敵である。

――亀井勝一郎

生きるということはどういうことなのか。生と死、そして老いと死など、私たち現代人が向き合う諸問題にかかわる言葉にも出会いました。

小倉遊亀は十九世紀の終わり近くに生まれ、およそ一世紀の長い歳月を生き抜きました。遊亀の墓は鎌倉五山の一つでもある名刹《めいさつ》浄智寺にありましたが、百歳を超えてなお旺盛な創作意欲を見せた閨秀画家との出会いは、やはり大きな感動を呼び起こしました。

小倉の起伏に富んだ生涯については先に書きましたが、彼女は晩年も旺盛な創作活動を続けました。「百歳記念・小倉遊亀展」「百二歳の芸術・小倉遊亀展」などの展覧会を開き、また一九九九（平成十一）年にはパリ・エトワール三越で海外での初個展「小倉遊亀展」を開催。その作品とともに百歳を超えてなお創作に打ち込む姿は、訪れた多くの人々の感動を呼びました。

この展覧会の翌年の二〇〇〇（平成十二）年七月二十三日、遊亀はその長い生涯に幕を閉じました。享年百五歳、文字どおり二十世紀を丸ごと生き抜いた生涯でした。

遊亀の孫にあたる寛子は、雑誌「暮らしの手帖」の編集者でしたが、晩年の遊亀の介護を引き受けその最期を看取っています。その分厚い介護の日記は、詳細を極め、読む者の感動を引き起こします。

寛子は、遊亀が人に「仕事ざかりはいつごろでしょう」と聞かれたとき、はっきりと「七十代です」と答えていたことを紹介し、次のように書いています。

たしかにその言葉は、祖母の作品群を見ても歴然としている。
企業での勤労年齢を人生の壮年期とみなす一般の社会観（当時のこと＝注）では、六十歳は老後、七十歳代は、すでに老境に入って久しい。けれども祖母の人生に〈老後〉という時間は今でも存在しないと思う。
〈老後〉。老いて後の時間、という言葉はどこか悲しい。老いた後にはもう何も残っていないという、不必要なものを指す、よけいものにおいがあるからかもしれない。
（中略）しかし、それを越えてなお余りある、人間としての知恵や経験、俗世にまみれた活動期には得られようもなかったたおやかな微笑が、年を重ねてゆくとともに、獲得できるものと信じている。

（『小倉遊亀　天地の恵みを生きる　百四歳の介護日誌』）

まさに小倉遊亀の身近に最後まで寄り添った人の説得力ある言葉であり、それはまた、老いゆく人々に対する畏敬の念を物語る言葉ともなっています。
冒頭の言葉は、遊亀自身の長い創作人生から紡ぎ出された言葉ですが、その稀《まれ》に見る長寿と、衰えることのない創作力の秘密を物語っているように思います。

生きてるっていうことは、きのうよりきょうの方が一歩つけ加えてね、きのうの自分に何か一つ新しく加わったもんでなくちゃならないと思えるんですよね。

（『小倉遊亀　画室のうちそと』）

昨日とは少しでも違う自分を生きる、そんな覚悟が遊亀の長寿と創作のエネルギーを生み出していたのです。
それはまた、この生きにくい世を生きていく私たちを励ます力強い言葉ともなっています。

日本の伝統や美意識、そして日本人の精神史など、幅広い執筆評論活動で知られる亀井勝一郎ですが、ここでは老いや死をめぐる問題にかかわる言葉を取り上げてみました。冒頭の言葉は、先の小倉遊亀の言葉と深く響き合うものです。老いという問題が、きわめて大きく深刻な課題となる現代、傾聴に値するものといえます。
この亀井の言葉はその著『黄金の言葉』にあるものですが、亀井は同書の中でこんな言葉も書いています。

人生という旅においては、終着駅はない。少なくとも「求道」を志すかぎり、終局とか完成はない。道はかぎりなく遠いのだ。もし終着駅があるとすれば、それは死である。

亀井や小倉の言葉には、それは作家や芸術家の特別な生き方ではないかという見方もできるかもしれません。そして、凡俗な私たちにとってはどこか窮屈な感じもします。老後は勝手気ままに自由に生きる、それでいいのだという考え方もあります。とくに組織の中で長い人生を歩いてきた人には、その解放感と自由がたまらなく貴重であるからです。

しかし、先の二人の言葉からは、もっと大切なことを読み取ることができます。自由な老後だからといって、長い人生の後半期を漫然と過ごしてしまうにはあまりにも惜しい。ただ、亀井の「求道」などという言葉を見ると、もうこれはついていけない、と思いがちです。しかし、亀井は「求道」にもっと広い意味を持たせていると考えることができます。一般的には、求道は悟りを求めて生きることといった意味ですが、ここでは、もっと広く、真理を追究すること、あるいは自分なりの生き方を求める姿勢を貫くことと考えてみることもできます。亀井が、「求道」という風に「」を付けたのはそういうことではないかと思います。

作家・森村誠一は、「老いて重要なのは、何かをやり続けるようにして、張り合いをなくさないことである」と書いています(『老いる意味』)。

人は肉体的な老いには敏感です。テレビでは健康番組や健康食品の情報が過剰にあふれています。それは、そうしたニーズがあることの証左ともいえます。

しかし、亀井のいう「精神的老衰」という言葉の意味について考えてみることも大切なことでしょう。精神的老衰には、なかなか気づきにくいところもあるからです。それは、認知症の予防などということよりももっと深い意味においてです。

亀井は先に、人生に「終着駅があるとすれば、それは死である」と書きました。その「生と死」について語った亀井の言葉を最後にもう一つ引いておきます。


死とは、厳粛に考えるならば、我ら人間がそれへ向かって成熟していかねばならぬ一種の「完成」とも言えます。一人の人間の完成とは死。生とは未完成の死。妥協です。故に生について考え、迷う、一念を形成するとは、死の練習といってもよく、これが精神というものの本質的な面目なのであります。

（『愛の無常について』）


亀井は、生と死を一体として捉えることの重要性を語っています。そして、死に対する想像力が、生に対する現実的観察の原動力とならねばならぬといい、学ぶとは、死に方を学ぶことであると書いています。

それは、人生百年時代が喧伝《けんでん》される現代への重いメッセージでもあります。小倉遊亀や亀井勝一郎の言葉の示唆するところには、実は深いものがあります。

前後を切断し、いまを生きよ

過ぎ去った過去のことを思い出してくよくよするのは、遠い先の未来のことを妄想して思い上がるのと同じくらい愚劣な空事《そらこと》だからな。
一番大切なのは現在だ。現在の中に存在する可能性だ。

——加藤道夫

前後を切断せよ、妄《みだ》りに過去に執着する勿《なか》れ、徒《いたず》らに将来に望みを属《しょく》する勿れ、満身の力をこめて現在に働け。

——夏目漱石

現にいま私たちが生きているこの時代、世代を超えて深い閉塞感が広がっています。政治にも経済にも、そして未来にも展望の持てなくなったこの時代です。しかしそこで、悲憤慷慨《ひふんこうがい》ばかりしていていても何事も前へ進みません。何とか折り合いをつけて、前に向かって生きていくしかありません。

先の言葉は、それぞれ語られてから相当の歳月が過ぎていますが、その語りかけるところには、なかなか意味深いものがあるようにも思います。

加藤道夫は一九一八（大正七）年、福岡県生まれ。東京府立第五中学校（現・東京都立小石川

中等教育学校）を経て，慶応義塾大学に入学。在学中、学生劇団の新演劇研究会を結成しています。大学院に進学後、一年を費やして長編戯曲『なよたけ』を執筆します。

その後、陸軍省通訳官としてニューギニアに赴任、敗戦後帰国して慶応大学、明治大学で講師をつとめながら戯曲を発表し、評論・演出・翻訳など、幅広く活躍しましたが、一九五三（昭和二十八）年、強度の神経衰弱から自殺しました。代表作に、先の『なよたけ』のほか、『挿話（エピソオド）』『襤褸《ぼろ》と宝石』などがあります。

冒頭の言葉は『なよたけ』の中にあるものですが、一番大切なのは現在であり、現在の中にある可能性であり、いたずらに過去に拘泥《こうでい》したり未来を妄想するのは、今という現在の中にある可能性を抹殺することだという言葉には説得力があります。

いま何をなすべきか、その構想力と想像力が豊かな未来につながるのだ、ということでしょうか。

冒頭の漱石の言葉にも、加藤の言葉と響き合うものがあります。

前後を切断せよ、妄《みだ》りに過去に執着する勿《なか》れ、徒《いたず》らに将来に望みを属《しょく》する勿れ、
満身の力をこめて現在に働け。

これは漱石の『倫敦消息《ろんどん》』の中にあるもので、「属する」とは望みをかけるという意味です。『倫敦消息』は、イギリスに留学していた漱石が「子規の病気を慰めんが為に」親友の正岡子規に書き送った日記形式の手紙で、自身の消息や見聞した事柄が綴られています。

ここに引いたのは、加藤と同様、過去と未来にこだわることの無意味とそれに対する戒めを語っている部分ですが、漱石はとくに現在に生き、働くことの重要性を強調しています。

同様の言葉を遺した二人の人物がいました。その言葉を引いておきます。

一人は独自の文化史論を展開した評論家・唐木順三です。

過ぎ去ったものは既に無いものである。未だに来ないものは未だ無いものである。で、あるものはただ現在だけだということになる。

（『近代日本文学の展開』）

加藤や漱石の言葉と深く響き合っているように思います。

もう一人は、放浪の俳人として知られる種田山頭火です。

過去に対する悔恨と将来に対する危惧とによって、現在の充実を没却するほど、真面目な、そして無意味なことはない。

（「層雲」一九一四年二月号）

こう見てくると、加藤道夫、夏目漱石、唐木順三、そして山頭火という、時代や生きた世界の違う四人の言葉が、不思議に響き合っているように思います。そしてそのメッセージは、今この、生きづらい時代を生きる私たちにも、深く届くのを感じます。

人々の人生は、それぞれに時代に翻弄《ほんろう》され、思いどおりにならない、悔いばかり残る人生ではあったかもしれない。たしかに、あれもできなかった、これもできなかった、そしてあのときああすればよかったなどという思いには尽きないものがありますが、しかし、もともと人生などというものは思いどおりにいくものではないのではないかと思います。

もちろん順風満帆の人生もあるでしょう。しかし多くの人々の人生は、何らかのほろ苦さや後悔を伴うものでしょう。だからといって、その小さなこだわりのために、残された人生を拘束されることは避けなければなりません。

また、現在は未来のためにあるのではない、あくまでも現在の一歩一歩にこそ意味と価値があるのだというゲーテの言葉もあります。

いつかは目標に通じる歩みを
一歩一歩と運んでいくのでは足りない。
その一歩一歩が目標だし、

一歩そのものが価値あるものでなければならないよ。

（山下肇訳『ゲーテとの対話』上）

いまこの一歩は目標のための手段などではない。一歩一歩が目標だし、それ自体に意味と価値があるのだと語るこの言葉は、先にあげた言葉とも重なります。

過去や未来のために、現在を犠牲にすることほど、愚かなことはありません。過ぎし日への悔恨と、明日への不安は、先行き不透明の、いまこの時代、誰にでもあるでしょう。しかし、そうした時代であるからこそ今日という日を大切に生きたい、と思うのです。

静かに賢く老いるとは

静かに賢く老いるということは、
満ちてくつろいだ願わしい境地だ。
——尾崎喜八

高原一帯を包むしんしんと深い静寂を、いっそそれで諧調づける薪のぱちぱち鳴る音に耳を貸していると、あらためておくべき場所に身をおいた思いに打たれるのでした。
——野上弥生子

多くの人々にとって、長い老後が控えている現代です。その老いとどう向き合うのか、老いの日々をどう過ごしていくのか、二つの言葉を取り上げました。

はじめの言葉は、〝高原の詩人〟（〝山の詩人〟）と称された尾崎喜八の「春愁」の中にあるものです。

尾崎喜八は一八九二（明治二十五）年、東京・京橋に生まれます。小学校のころから読書を好み、自然に親しむことを好む少年でした。

二十歳のころ、雑誌「スバル」などで高村光太郎の名を知り、白樺派の理想主義の影響下で詩作を始めます。また、ロマン・ロランの『今日の音楽家』やベルリオーズの『自伝と書翰』などをはじめ、多くの外国作家・芸術家らの作品を翻訳し、そこから詩作を学びます。

関東大震災後、東京郊外の高井戸村（現・杉並区）をはじめ都内で半農生活を営みながら、自然観察にも熱中し、詩作を続けます。

尾崎は自然を単に鑑賞するだけでなく、自ら半農の生活を営み、自然を観察し、登山に熱中し、そしてまた自然地理学や気象学の勉強に励み、自然詩人の本格派ともいえる独自の存在感を示しました。

一九四五（昭和二十）年、空襲で家を焼かれます。戦争が終わったあと、戦時中その詩作を通じて戦争に加担したことに深く苛《さいな》まれます。

しかしまた、戦後、五十四歳の尾崎はこう語っています。

たとえ戦争による心身の深い痛手がなくても、もう人生の迷いの夢から醒めていい年齢だった。この上は全く無名者としてよみがえり、ただびととして生き、艱難も屈辱もあまんじて受けて、今度こそは字義どおり、また永年の念願どおり、山野の自然に没入して万象との敬虔な融和のなかに魂の平和をつむぎ、新生の美しい視野を得なければならない。

（『新装日本の詩歌』17）

そして、翌一九四六（昭和二十一）年には長野県富士見村（現・諏訪郡富士見町）に移住します。ここは、尾崎の娘・栄子が、結核療養で富士見高原のサナトリウムに入院治療中の夫のために滞在していたところで、尾崎夫妻の移住は栄子の勧めによるものでした。ちなみにこの富士見高原は、堀辰雄の『風立ちぬ』『菜穂子』の舞台になったことでも知られているところです。

尾崎が住んだ家は、寒くて暗く、心身にこたえ、またそのころは経済的にも苦しい時代でした。

しかし、そうした過酷な条件下で、一九五二（昭和二十七）年に世田谷区上野毛に移るまで、この高原を拠点に暮らしました。

尾崎はこの地で、『高原暦日』『美しき視野』『碧い遠方』などの作品を残しています。のちに刊行される、最高傑作といわれる『花咲ける孤独』もこの地で生まれました。

およそ六年の富士見高原滞在後、帰京してからも『田舎のモーツァルト』『尾崎喜八詩文集』などを刊行、そして西洋音楽にも造詣の深かった喜八が、「芸術新潮」に連載した「音楽と求道」は、のちに『音楽への愛と感謝』として刊行されています。

この「音楽と求道」の執筆は、晩年の喜八に対して、掛け替えのない至福のときをもたらしたようです。

尾崎は一九七四（昭和四十九）年、急性心不全のため鎌倉の病院で八十三歳の生涯を閉じました。

波乱と苦難に満ちた生涯でしたが、虚名や虚栄から距離を置き、清貧に甘んじ、自らの信念を貫いた充足の人生でもありました。その晩年には、冒頭に引いた、こんな味わい深い言葉を遺しています。


静かに賢く老いるということは、満ちてくつろいだ願わしい境地だ。（「春愁」）


富士見高原で、ただびととして無名の人生を生きようと決意し、自然の中で心豊かな日々を送った尾崎は、帰京後も没頭できる作品に恵まれ、充足の人生を全うしました。

「静かに賢く老いる」ことは、一見簡単なようで、意外に難しいことかもしれません。尾崎のメッセージの深い意味をそれぞれに読み取って、噛みしめてみることも意味あることではないかと思います。

冒頭のもう一つの言葉は、野上弥生子の「山よりの手紙」の一節です。

野上の簡単な経歴は先にも書きましたが、野上は百歳を目前にして、その長い生涯を閉じました。そして、夫・豊一郎に先立たれた後も独り居を楽しみながら、最後の最後まで現役を貫き通したその姿は、深い感動を呼びます。作家の小池真理子はこう書いています。

「野上弥生子という作家に私が急に親しみを覚えるようになったのは、長じた弥生子が人生のうちのおよそ半分近くと言ってもいいほど長い歳月を北軽井沢の山荘で過ごした、ということを知ったからだった。（中略）人の住んでいない、熊やキツネ、テンやウサギがいる森の中で、たった独り、怖がるでもなく、さびしがるでもなく淡々と日々の暮らしを営み、本を読み、思索し、原稿用紙にペンを走らせていた野上弥生子の姿には、素朴な逞しさを感じる」（『精選女性随筆集』10）

その強固な精神と、たゆまざる知への関心、そこから紡ぎ出される言葉と作品の数々とその生き方は、多くの人々を感動に誘います。

野上は何より山荘での自然の中の独り居を楽しんでいました。その悦びと感動を物語る言葉に、随所で出会います。冒頭の一節を含む文章を引いておきます。

夏とてまだ名ばかりの山の冷えは、夕方近くなると、さかんに焚いてちょうどよいほどです。私は反対側の楽椅子にもたれ、人語を聞かず、ただ鳥声の言葉通りで、その鳥たちさえすでに啼《な》きやんだ高原一帯を包むしんしんと深い静寂を、いっそそれで諧調づける薪のぱちぱち鳴る音に耳を貸していると、あらためておくべき場所に身をおいた思いに打たれるのでした。

（「山よりの手紙」）

「おくべき場所に身をおいた」という言葉が、心に響きます。こうした至福の時間と空間の中で多くの作品を生み出した野上の生涯は、掛け替えのない充足のときであったといえます。

高齢に達し、老《い》いとうまく折り合いをつけながら、充足の日々を過ごす、――「おくべき場所に身をおいた」という野上の言葉は、あの青山霊園で出会ったシャンソン歌手の石井好子の言葉を思い出させます。石井は、長い歌手人生の終わり近くになって、忍び寄る老いを感じつつも、そのままの自分を受け入れ歌い続けましたが、その石井の語った言葉が、「私は石井好子を歌っている」「自分はここにあるんだ」という言葉でした。

しかしまた、野上にとって、かの地での高齢の独居生活は、厳しいものでもあったようです。竹西寛子はそれを支えたものを、恐ろしいほどの意志の力、持続の意志であったと書いています（『言葉を恃《たの》む』）。

そして、野上の創作意欲は、最晩年に至っても衰えることがありませんでした。

一九八四（昭和五十九）年、野上は丸の内の東京會舘で開かれた白寿を祝う会に出席して執筆への意欲を語りましたが、その翌年、一九八五（昭和六十）年三月二十九日、成城の自宅で倒れ、翌日九十九歳の生涯を閉じました。百歳まであと三十日余りを残すばかりでした。

葬儀は築地本願寺和田堀廟所で行われ、葬儀委員長を谷川徹三、司会を大江健三郎がつとめました。

野上の墓は東慶寺墓苑の奥まったところにあり、近くに鈴木大拙や西田幾多郎、谷川徹三らの碩学《せきがく》の墓がありました。紫陽花《あじさい》の彩る緑に囲まれた墓域の奥に五輪塔があり、その正面の、苔に覆われた「野上家」と刻された文字に、年輪を感じました。

野上は武者小路実篤、北原白秋、土岐善麿《ぜんまろ》らと同じ一八八五（明治十八）年生まれでした。同年代の彼らに比べてはるかに長い時間を生き、そして最後まで創作の意欲を失うことはありませんでした。

そして、野上弥生子の「おくべき場所に身をおいた」という言葉と、尾崎喜八の、「静かに賢く老いるということは、満ちてくつろいだ願わしい境地だ」という言葉が、どこか深く重なるように思えたのでした。

ながらえば……、「老い」を見つめる

ながらへてあれば涙のいづるまで最上の川の春をしまむ
人皆のなげく時代に生きのこりわが眉の毛も白くなりにき
——斎藤茂吉

年ひとつ加ふることも楽しみとしてしづかなる老に入らまし
われもまたしづかに老《おい》を楽しまむ土佐の黄平《きびら》を半袖にして
——吉井勇

ほぼ同時代を生きた、日本を代表する二人の歌人、斎藤茂吉と吉井勇は、長年の親交を結ぶ間柄でもありました。その作品は膨大な数にのぼりますが、ここではその対照的な「老い」の姿を見つめます。

厚い交友関係にありながら、二人は、その人生と老いへの向き合い方に大きな違いを見せています。冒頭のそれぞれの歌にもその対照が見られ、興趣を誘います。

斎藤茂吉は周知のように精神科医にして著名な歌人として旺盛な創作活動を展開し、多くの遺産を残しました。

一九一三（大正二）年には処女歌集『赤光《しゃっこう》』を刊行、大きな反響を呼び、茂吉の声価を文壇内外に高めるものとなりました。

その後、『あらたま』『ともしび』『白き山』など多くの歌集を発表します。茂吉が生涯に詠んだ歌は一万八千首にも及ぶといわれています。一方で、歌論や古典の研究にも成果を挙げ、大作『柿本人麿』などの歌論を刊行しています。

太平洋戦争が激化するなか、茂吉は焼け野が原の東京を逃れて故郷山形県上山市に疎開します。疎開中の作品は晩年の歌集『白き山』に収められています。

この時期の歌には、茂吉の成熟期を物語る秀作が多く見られますが、その中から、忍び寄る老いに向き合う二つの作品を引いておきます。冒頭の二首がそれです。

ながらへてあれば涙のいづるまで最上の川の春をしまむ

人皆のなげく時代に生きのこりわが眉の毛も白くなりにき

もちろん、老境にありつつも、創作への思いは枯渇することはありませんでしたが、さりとて、忍び寄る肉体の衰えと不如意は避けることのできないものであり、しかしそれが作品に厚みを加えることにもなります。老いを迎えつつもそれを受け止め、作品へと昇華するする茂吉の強靭な姿にも感銘を受けます。

一九四七（昭和二十二）年には疎開先の山形から東京に帰りますが、一九五〇（昭和二十五）年には左半身麻痺を起こし、それ以来左足を少し引きずって歩くようになりました。翌年には文化勲章を受章していますが、授賞式には杖をついて懸命に歩きながら参列を果たしました。その後、寝たきりの状態になり、一九五三（昭和二十八）年二月、心臓喘息《ぜんそく》のため亡くなりました。享年七十歳でした。

精神科医と歌人という二つの仕事を見事に両立させ、歌論『柿本人麿』などを含む多くの業績を残した茂吉の偉業は歴史に大きな足跡を残すものですが、一方、誰しも避けることのできない、「老い」という問題に一市井人として率直に向き合う姿、そしてそこから紡ぎ出された秀作の数々は今も多くの人々の心に深く届きます。

頽唐《たいとう》派歌人として知られ、青春の奔放や人生の哀歓を歌い多くの歌集を遺した吉井勇は、斎藤茂吉と交友厚く、その墓も同じ青山霊園にありました。しかし、先にも書いたように両者の老いへの向き合い方には、興味深い対照があります。冒頭の二人の歌からも、それを読み取ることができます。

吉井勇は一八八六（明治十九）年東京生まれですから、茂吉とほぼ同世代といっていいでしょう。小学校卒業後、東京府立第一中学校（現・都立日比谷高等学校）に入学しますが、ここを退学、その後早稲田大学に進みますが、ここも中退しています。一方で歌作に励み、歌人としての道を歩み始めます。

そして新詩社の同人として「明星」に歌を発表、北原白秋、木下杢太郎らと「パンの会」を結成、さらに森鷗外を中心とする文芸誌「スバル」の編集に携わり、自身も相次いで戯曲を発表します。

一九一〇（明治四十三）年には、最初の歌集『酒ほがひ』を刊行し高い評価を受け、独自の耽美的な歌風が多くの支持を受け、歌人としての地位を築きます。

その後も、『祇園歌集』『東京紅燈集』などを発表し、青春の享楽と人生の哀歓を歌い、頽唐派歌人、伯爵歌人などと呼ばれました。

そんな吉井にも、やがて老いに向き合うときが訪れます。

吉井はそうした老いと対峙し迎え撃つのではなく、あくまでもしなやかにそれを受け止め、そして楽しむ生き方を選択しました。冒頭の二首からもそれを感じ取ることができます。

年ひとつ加ふることも楽しみとしてしづかなる老に入らまし

われもまたしづかに老《おい》を楽しまむ土佐の黄平《きびら》を半袖にして

高齢化社会のいま、加齢もまた楽しみであるという吉井の歌には、この生きづらい「老いのしづけさ」を楽しみ、どこか励まされるところがあるように思います。

吉井はそのエッセイ「老境なるかな」の中でこう書いています。

私は近頃になってから老境というものの楽しさを、身にしみじみと感じている。半生を歌によって懺悔しつづけて来たのであるから、老境の今日となっては、身塊共に清浄である。西鶴は『好色一代女』の末尾で「胸の蓮華ひらけてしぼむまでの身の事」といっているが、私の胸の蓮華は、いつまでもしぼむことなく、長く開きつづけてゆくような気がする。（中略）

老境なるかな、老境なるかな、やっとここまで到達したかと思うと限りなく楽しい。

吉井の老境は、茂吉の老境と鮮やかな対照を見せています。

しかし吉井は、ただ枯れた老人になったわけではありません、最後までこの最終の地、祇園を愛し、歌への情念も失いませんでした。

波乱の生涯を送った吉井は、一九六〇（昭和三十五）年一一月、肺がんのため京都大学附属病院で、孝子夫人らに看取られ死去しました。

放浪の日々が長かった吉井でしたが、やがて京都に定住して京都と祇園をこよなく愛し、この地で没したのでした。そして、美妓百人余りが見送る「祇園葬」が営まれたといいますから、いかにも、限りなく祇園を愛し、「頽唐派歌人」とも呼ばれた吉井に相応《ふさわ》しい最高の人生の締めくくり方であったといえるように思います。

“当たり前のこと”の不思議

薔薇《ばら》ノ木ニ
薔薇ノ花サク
ナニゴトノ不思議ナケレド。

——北原白秋

人びとは多くのことを見なれるにつけ
ただそれが見なれたことであるというばかりに
そのままに見すごしてしまうのである。

——中勘助

時代の喧騒や不透明さに翻弄《ほんろう》されて生きる私たちは、つい大切なことを忘れがちです。自然の営みへの感動、その生命力の不思議など、当たり前のこととして見過ごし、片づけてしまうことが少なくありません。そんなことを気づかせる二つの言葉に出会いました。

一つは北原白秋の「薔薇二曲」から引いたものです。

白秋は日本を代表する詩人であり、歌人であると同時に、優れた童謡、民謡の数々を残した多才の人であったことは先に述べました。

白秋には自然賛美の詩が多く見られますが、とくに日常的に花を愛好していました。川本三郎によると、ただ、花を観賞するだけでなく、自身で花を育て、花に囲まれた暮らしを楽しんでいました。その庭には、コスモス、カンナ、虞美人草（ヒナゲシ）、グラジオラス、ダリア、夏菊、野撫子など古い日本の花と西洋の花が混在しており、そのほかの花も含めてまさに花ざかりの家であったといいます（『白秋望景』）。

そんな白秋が詠んだのが冒頭の詩です、このフレーズのある「薔薇二曲」は、詩集『白金之独楽』に収められたものです。

薔薇《ばら》ノ木ニ
薔薇ノ花サク
ナニゴトノ不思議ナケレド。

何も特別のことではない、ごく当たり前のことを詠んだだけのようですが、実はこの詩の奥は実に深いものです。この詩を愛好する人が少なくないのもうなずけます。

白秋自身、この詩についてこう語っています。

この何の不思議もない当然の事を当然として見過ごして了《しま》う人は禍である。実に驚異すべき一大事実ではないか。この神秘はどこから来る。（『芸術の円光』）

白秋のこの詩は、自然の営みと万物創生の生命力への深い感動、そして畏敬の念、そんな現代人たちが忘れてしまった、あるいは衰弱させてしまった感性と思索、その重さを語っているように思います。

そんな白秋の感性とはもちろんまったく同じのものとはいえませんが、あの、広く愛された名曲「バラが咲いた」を作った浜口庫之助も、同様な発見と感動がこの歌を生んだと語っています。

「バラが咲いた」の誕生のときのことを、浜口はこう書いています。

「朝起きて、良い気分で庭を眺めていたら、緑のなかに赤いバラが一輪、ふわっと咲いているのが見えた。〈あっ、バラが咲いたな〉と思って、そばにあったギターをとって〈バーラが咲いた〉とやったら、そのまま歌になってしまった」（『ハマクラの音楽いろいろ』）

この歌詞には、「バラが咲いた　バラが咲いた　真赤なバラが」のフレーズが繰り返されています。一見単純なこの言葉に、浜口の深い感動と喜びが表現されているように思います。当たり前のことに深い感動と発見を呼び覚ます、それを一気に一つの曲に仕上げた浜口の感性とパワーに驚かされます。

この曲は一九六六（昭和四十一）年に発表されたものですが、大ヒットとなり、新しいフォークソングの先駆けとなりました。

自然の営みへの深い感動を詠んだ白秋と浜口の感性は、多くの人々に、人生にとって大切なものとは何かを語りかけているように思います。

冒頭のもう一つのフレーズは、作家・中勘助の言葉で、あの有名な代表作『銀の匙』の中にあるものです。「見慣れたもの、見過ごしてしまうもの」に新たな発見や深い感動があるというメッセージには、先の白秋に通じるものがあるように思います。

中勘助は一八八五（明治十八）年、岐阜県今尾藩の東京神田の旧藩邸で生まれました。『銀の匙』に出てくる伯母は母の一番上の姉で、このころこの家に住み、勘助の養育をこの世に生きる唯一の楽しみにしていたといいます。小学校卒業後、城北中学校（現・都立戸山高等学校）を経て、一九〇二（明治三十五）年、一高に入学します。

同級には、安倍能成、岩波茂雄、荻原井泉水らがおりましたが、この一高時代にはイギリスから帰国した夏目漱石が着任し、勘助はその後の東京帝国大学英文科に至るまで、漱石の教えを受けることになります。漱石とは、この学生時代のみならず、その後も交流を続けています。

特筆すべきは、勘助の代表作『銀の匙』を書き上げたとき、漱石に閲読を依頼し、結局漱石の推薦によりこの作品が一九一三（大正二）年、朝日新聞に連載されることになったことです。『銀の匙』は勘助の幼少時代の回想をもとにした作品で、それまで詩歌に強い関心を持っていた勘助にとっては初めての散文作品でしたが、これが彼の最高の傑作となりました。冒頭の言葉には、その後に続く文章がありますす。それを含めて、ここに引いておきます。

人びとは多くのことを見なれるにつけただそれが見なれたことであるというばかりにそのままに見すごしてしまうのである。思えば年ごとの春に萌えだす木の芽は年ごとにあらたに我らを驚かすべきであったであろう。

何かとせわしなく動きがちな私たち現代人には、見慣れた風景にいちいち目を止める余裕はないかもしれません。しかし、先の白秋の詩と、この勘助の言葉の意味の深みに気づくとき、ハッとさせられます。歩く歩幅を緩やかにして、素直に自然と向き合うとき、街路や小さな公園にも、新たな感動と発見の機会はふんだんにあることに気づきます。

東京の西郊に先の北原白秋ら数多くの著名人たちが眠る多磨霊園があります。この霊園は樹齢を誇る巨木と見事な植栽に恵まれ、墓地というより、文字どおり公園といってもいい雰囲気を漂わせています。

この霊園の近くに住む私には、この地が格好の散策のコースとなり、四季折々の風景を楽しみながら歩くのが、何よりの喜びとなっています。季節を忘れず萌《きざ》す芽吹きの生命力、咲き競う春の多彩な花々、鮮やかな夏の新緑、樹々たちが装う錦秋の情趣、そして落葉した冬の巨樹が見せる孤高の姿、そうした風景の生み出す自然の造形美には、飽くことなく人を魅き付ける不思議な力があるように思います。自然の生命力への畏敬の念、そして生への感動がそこにあります。

自然はその向き合い方によってさまざまに応えてくれます。四季を愛でるということは自分自身が豊かになることだともいえます。

一見当たり前のことのように見えつつ、四季の移ろいと付き合う楽しみは、そうした内的な深みを持つものであるといえます。私たちがこれまで当たり前のこととして見過ごしてきたものの中に「贅沢な時間」を発見することができます。それは生きるということの意味を問いかけるものでもあります。

冒頭の二つのフレーズに、そんな思索に誘ってくれる深さを感じたのでした。

第十二章　人生というもの

男の顔は履歴書なり

男の顔は履歴書である。

――大宅壮一

思想は本屋にいけば即座に手に入るが、
皺《しわ》を手に入れるのはつらい時間がかかるものだよ。

――開高健

大宅壮一の墓のある瑞泉寺の境内には、大宅の遺したあの名言「男の顔は履歴書である」が刻された記念碑がありました。その味わいのある文字を眺めていると、あの迫力のある、しかしどこか親しみの持てる大宅の風貌が目に浮かび、懐かしさを覚えたのでした。

大宅が幅広い分野で執筆評論活動を展開し、多くの遺産を残したことについてはすでにふれました。一方で、大宅は時代や世相を鋭く切り取った、多くの造語の名手としても知られています。

その一つが、先に紹介した「一億総白痴化」です。

もう一つの代表的な言葉が冒頭に取り上げた、

男の顔は履歴書である。

です。

大宅は、人生五十年ともなれば、自分の面に責任を持つべきだとも言っています。たしかに納得できるような気もします。たとえばテレビでよく見る人物たちの顔に、なんともいえない貧相を見ることもあるし、一つの道を極めた人や無名の人々の貌《かお》に刻まれた深い年輪を見て感銘を受けることもあります。

かのリンカーンも同様なことを語っていますが、大宅のこのフレーズは短く明快で歯切れよく、切れ味抜群です。

大宅については先に、「一億総白痴化」「一億総評論家」などの言葉を取り上げました。こうして大宅の語録を拾ってみると、単なる造語の名手というだけでなく、そこに時代を見つめ、先を読む大宅の鋭い批判精神を見ることができます。

それはまた、昭和という時代の、一つの世相史を覗《のぞ》く窓ともなっているように思います。「男の顔は履歴書である」という大宅の言葉と響き合う二つのフレーズを引いておきます。

誰でも顔の中にその人の生涯が顕れて見える。

（田山花袋『重右衛門の最後』）

顔は誰でもごまかせない。顔ほど正直な看板はない。

（高村光太郎『顔』）

大宅壮一と開高健は、その活動範囲の広さはもとより、世界各地を歩き多彩な作品を残した行動派としても知られています。

同時にまた、多くの人の心に残る名文句や造語の生み手としても傑出した存在です。

大宅の場合は、その鋭利な観察眼に基づく、時代を読み半歩先を歩くフレーズが多いのに対して、開高の言葉は、サントリーの「洋酒天国」の編集部時代に生み出した名コピーを含め、ある種の人生論にも通じる一味違った語録を残しています。

開高健は一九三〇（昭和五）年、大阪市に生まれました。一九四三（昭和十八）年、旧制天王寺中学校に入学しますが、その直後の五月に父が病死します。先の大宅もまた、中学時代に父を亡くしています。

敗戦を経て、一九四八（昭和二十三）年に、旧制大阪高等学校に入学しますが、学制改革のため大阪市立大学法文学部を受験、入学後は文芸部に所属します。在学中に谷沢永一主宰の同人誌「えんぴつ」に参加し、同人仲間だった詩人・牧羊子と結婚します。

卒業後に壽屋（現・サントリー）に入社します。

壽屋ではトリスなどサントリーウイスキーの広告宣伝に尽力します。このころトリスウイスキーの「人間らしくやりたいナ」などの名コピーを生み出しています。また、PR誌「洋酒天国」を創刊、その編集発行人となります。

ちなみにこの「洋酒天国」は、一九五六（昭和三十一）年に創刊され、およそ十年間発行を続けますが、単なるPR誌の枠を超えて、錚々《そうそう》たる執筆陣をそろえた斬新な読み物として、多くの人々に愛読されました。

その後、一九五八（昭和三十三）年には、『裸の王様』で芥川賞を受賞、これを機に壽屋を退職して文筆業に専念します。

開高は小説家として注目されたスタートを切ったわけですが、のちにノンフィクション作家として、あるいはエッセイストとしても、行動する作家としても、独自の高い評価を得ています。

開高が、大宅壮一と同様、造語の名手であったことは先に述べました。

冒頭の言葉はその一つです。

思想は本屋にいけば即座に手に入るが、
皺《しわ》を手に入れるのはつらい時間がかかるものだよ。
（『叫びと囁き』）

この言葉を目にしたとき、私は即座に大宅の「男の顔は履歴書である」という言葉を思い出しました。先人の思想や知的遺産は、読書というかたちを通じてそれに接することができます。しかし、人間の貌に刻まれる年輪は、一定の歳月を経た後でなければ獲得することはできません。

ということは、皺というものは単なる肉体の老化ということではなく、その人の生きた人生そのものの証《あかし》とも考えられるからです。先にもふれましたが、真摯《しんし》に人生に向き合い、生きてきた人の貌には、それに相応《ふさわ》しい皺と年輪を見ることができます。一方で、テレビで見る政治家や著名人の貌に、なんとも貧しく寂しいものを感じることも少なくありません。「いい歳を重ねる」という言葉があります。そんな人々に出会ったとき、こちらもまた心豊かになります。

皺は、アンチエイジングなどという雑音などに惑わされずに、堂々たる主張をする年輪なのです。

開高健が紡ぎ出した、あるいは好んだ珠玉の言葉やフレーズは数多くありますが、その一つ、先の言葉と重なるものを引いておきます。

後姿《うしろすがた》にこそ顔がある

「親の背中」「男の背中」などという言葉がありますが、そこには、その人の生き方や、人間の器まで滲《にじ》んでいるということでしょうか。それは、時として表の顔以上に雄弁だ、ということにもなります。大宅は「男の顔は履歴書である」といいましたが、それに倣《なら》うと、「人の後姿は履歴書である」ということになるのでしょうか。

また、「思想は本屋にいけば即座に手に入るが……」から思い出した言葉があります。寺山修司の、次の言葉です。

書を捨てよ、町へ出よう

これは寺山修司の評論集のタイトルですが、寺山は若い人々に対して、本に齧《かじ》りついていないでもっと町へ出よう、そこで出会う人々の貌や看板など、町全体が一つの書物なんだからと呼びかけています。

最近の若者の読書離れという現実を見るとき、いささか複雑な思いに駆られます。

ただ、寺山は読書という営為を決して軽視しているわけではないでしょう。読書だけが学びであり教養であるという既成概念に一石を投じたかったのであろうと思います。

寺山修司の墓は東京都八王子市の高尾霊園にありました。先の忌野清志郎も同じこの霊園に眠っています。墓碑はさまざまな思いを喚起します。そこは故人との得がたい対話の場でもあります。忌野の墓から寺山の墓へたどる道は、掛け替えのない貴重な思索散歩となりました。

歳月は慈悲を生ず

歳月は慈悲を生ず
――亀井勝一郎

忘れるというのが、どんなに素晴らしいことであるか、（中略）常に新鮮であり得る極意だ。
――岡本太郎

冒頭の言葉は、『日本人の精神史研究』『大和古寺風物詩』『転形期の文学』などで知られる文芸評論家、作家の亀井勝一郎の墓碑にあるものです。

ツツジなどの生垣に囲まれた墓域の中央に、やや小ぶりの黒御影の墓石があり、その正面には、自筆の「亀井勝一郎」の白い文字があります。その墓石の左側の墓誌に、この言葉が刻まれています。

深く心に届くものがありました。そして、その文字の前で、しばし立ち止まりました。

この言葉について、亀井は『愛の無常について』の中で次のように書いています。

時間というものを考えるたびごとに、私は不思議な感にうたれるのです。いかなる苦悩も、時間がたつにつれて次第に和らぎ、ついには楽しい思い出とさえ化す。そういう力を時間はもっています。歳月は慈悲を生ずという言葉を私はつくってみたことがあります。癒しがたい心の傷手《いたで》すら、歳月はいつのまにか忘却の淵へひきずりこみ、忘却の川の水で洗いおとしてくれるようです。歳月にたよるのは、一つの賢明な治療法だと言えましょう。

亀井はこのように書きながら、「歳月は苦悩も愉悦もいっしょに変化させてしまう」と書いています。

ここに歳月、あるいは時間というものの持つ大きな力が語られています。亀井のこの文章を読んでから、再び亀井の墓を訪ね、墓碑の言葉に向き合いました。独特の静謐《せいひつ》な雰囲気を漂わせるこの空間で、亀井の言葉がいっそう味わい深く感じられたのでした。心に届く数多の言葉を遺した亀井ですが、その中から厳選され墓誌に刻されたのが、この言葉でした。

忘却ということに関して、三島由紀夫にもこんな言葉がありました。

人間性に、忘却と、それに伴う過去の美化がなかったとしたら、人間はどうして生に耐えることができるであろう。

（『忘却と美化』）

人生にはさまざまな試練のときがあります。痛恨の出来事や深い悲しみもあります。ただ、時とともにそれは少しずつ変化し、和らいできます。歳月の力でしょうか。

岡本太郎はその独特の作品群とともに多くの名言も遺しています。その中から一つ。岡本は、亀井の言葉にもあったように、「忘れる」ということがどんなに素晴らしいことであるか、ということについて語っています。

冒頭に掲げた言葉がそれです。その言葉を含む一節を引いておきます。

忘れるというのが、どんなに素晴らしいことであるか、（中略）常に新鮮であり得る極意だ。これこそ人間における、まことに努力を要しない美徳だと思う。

（『美しく怒れ』）

そして、この「忘れる」ということについて、この後、次のように書いています。

人間の辛《つら》さというのは、つまらぬことでも覚えていること、忘れられないことだと思う。変な言い方をするが、人間があまりに人間的であるために、記憶によるさまざまな判断がまつわってくる。そして悔いたり、悲しんだり、またウヌボレたり、くじける。

逞《たくま》しい人間は過去にわずらわされない。（中略）

しかしいま言ったように、忘れることが人間のふくらみだ。自分自身をのりこえるというのは実は己れ自身を忘れることだ。

また言いかえれば、自分を忘れることによって、自分自身になりきる。

「忘れることによって自分自身になりきる」とは含蓄に富む表現です。人間の深い真実を語っています。

岡本太郎の眠る多磨霊園の岡本家の墓域は、静謐な雰囲気を漂わせつつ、独特なオーラを発していました。その墓域で太郎の墓に対面していると、彼の語った言葉の数々が、深く心に届いてくるのでした。

精神医学者の保坂隆氏によると、昔の人は「時薬」という言葉をよく口にしたということです。時が流れるにつれて、どんな深い悲しみも次第に薄らいでいく、ということです。

つまり、時間という薬が、悲しみを癒してくれるということです（『老いを愉しむ言葉』）。

最後に、先の亀井勝一郎や岡本太郎の言葉と響き合う二人の言葉を引いておきます。


年月は、人間の救いである。

忘却は、人間の救いである。

（太宰治「浦島さん」、『お伽草紙』所収）


凡《すべ》ての創口《きずぐち》を癒合《ゆごう》するものは時日《じじつ》である。

（夏目漱石『門』）


亀井勝一郎、岡本太郎、三島由紀夫、太宰治、夏目漱石など、多くの作家、芸術家たちが、歳月、あるいは忘却ということの意味や重さについて語り、それが深く響き合っていることにも深い感銘を受けました。心に届く言葉を遺した人々と出会うことのできる霊園や墓地逍遥の旅は、掛け替えのない充足のときをもたらしてくれます。

また、古来伝えられている「時薬」という言葉も実に奥が深く、かつ味わい深く、印象に残りました。

人生最高の理想は放浪漂泊なり

人生最高の理想的生活は寂莫たる放浪漂泊の生涯である。

——永井荷風

漂泊の情というものは、人間の本質に深く根ざしたものである。

——石坂洋次郎

生きづらい時代です。

閉塞感や不透明感が漂い、暮らしの先行きや生きる意味を見出しがたい時代です。

人々は戸惑いつつも、それでも、ひたすら日々の営みを続けるほかはありません。風圧を感じながらも、歩み続けるほかはありません。

そんなとき、惹かれるのが「放浪」「漂泊」という言葉です。

ここではまず、二つの言葉を取り上げました。

永井荷風は、先にもふれたように『濹東奇譚』『断腸亭日乗』などの作品で知られる作家ですが、同業の作家たちとは距離を置き、厳しい時代環境のもとで、気ままな生活を楽しみました。

冒頭の言葉は、『新帰朝者日記』の中にあるものです。「放浪漂泊」を「人生最高の理想的生活」としているのです。『断腸亭日乗』などにも見られるように、荷風は、自由に、気の趣くままに東京市中を歩き、好きなものを食し、女性たちと交友し、移り行く世相を観察しました。私たちから見ると、なんとも羨《うらや》ましい風流人かと思われますが、その荷風にして、さらなる放浪漂泊の生涯に憧れたとは驚きでした。放浪漂泊ということはそんなに魅力的なものなのでしょうか。

その荷風が憧れた孤独と自由について語った言葉があります。

孤独は時として寂しかろう。辛《つら》かろう。然《しか》し死んでも生きても、それは全く己れの好むところで、決して彼の堪えがたい恩愛や情誼の涙には捉われずに済む。

（『歓楽』）

家族もなく、世間の付き合いや義理や人情などという煩《わずら》わしいことにもかかわらずに済む、そんな生活が、荷風の理想だったのでしょう。

もう一つは、作家・石坂洋次郎の言葉です。

石坂洋次郎は一九〇〇（明治三十三）年、青森県に生まれます。慶応義塾大学国文科を卒業後郷里に帰り、教職をつとめながら執筆活動を続け、『若い人』『麦死なず』で文壇に認められます。その後、上京し執筆に専念します。新聞小説『青い山脈』『石中先生行状記』で国民的な人気を獲得しました。作品はほかに『丘は花ざかり』『陽のあたる坂道』などがあります。
冒頭に引いた言葉は、『草を刈る娘』の中の一節です。

漂泊の情というものは、人間の本質に深く根ざしたものである。

荷風と同じく、漂泊について語られたものですが、荷風では「理想」とされた放浪漂泊が、ここでは単なる憧れではなく、人間の「本質」だと言い切っています。
もともと人間は家族や地域など、一定の人間関係や集団の中で生活するのが自然で、放浪漂泊などというものは、そこからの脱落にすぎないという考え方が根強くあります。しかし、一人になることは、決して脱落でも異常でもないのではないか。そんな思いを強くします。
吉田兼好と、そして吉井勇の作品の中にはこんな言葉もありました。

つれづれわぶる人は、いかなる心ならん。

まぎるるかたなく、ただひとりあるのみこそよけれ。

（吉田兼好『徒然草』）

つまり人間てえものは何処まで往っても一人ぼっちなんだ。
一人で生まれて来て一人で死んで往くんだ。

（吉井勇『小しんと焉馬』）

また、代表作『放浪記』で知られる作家・林芙美子は、その自伝的小説の中で、「私は宿命的に放浪者である」と書きながら、

ああ生きることがこんなにむずかしいものならば、いっそ乞食にでもなって、いろんな土地土地を流浪して歩いたら面白いだろう。

（『放浪記』）

と書いています。

放浪の俳人で、奇人とも変人ともいわれた種田山頭火や尾崎放哉、あるいは歌人で禅僧の良寛が、現代でも根強い人気を得ている背景には、放浪漂泊への人々のひそかな、しかし熱い思いがあるからではないでしょうか。

最後に、世間から距離を置き、諸国を行脚し越後（新潟県）に帰郷した後、国上山の草庵

ましょう。

（五合庵）で脱俗生活を送った、江戸後期の歌人・禅僧良寛の作（無題）から一つ紹介しておき

生涯身を立つるに懶《ものう》く、（生まれてこの方立身出世的なことがめんどうで）
騰々《とうとう》、天真に任す。（ぼんやりと天然自然の真理に任せる）
嚢中《のうちゅう》、三升の米、（頭陀袋《ずだぶくろ》の中には三升の米）
炉辺、一束の薪《たきぎ》、（その米と燃し木のほかに何が要ろうか）
誰か問わん、迷悟の跡、（迷いだ悟りだと問う必要もなく）
何ぞ知らん、名利の塵《ちり》（名誉や利得も自分の知ったことではない）
夜雨、草庵の裡、（夜、雨の音を草庵の中で聞きながら）
双脚、等閒に伸ばす。（二本の脚をのんびり伸ばしているだけだ）

（吉野秀雄『良寛』、一部加筆）

超俗的なわが道をひたすら貫いた良寛は、自身の号を「大愚」としていました。
中国、北宋の詩人蘇軾《そしょく》の、「大賢は愚なるが如し」という言葉を思い出します。

人生は短い、それゆえに高貴だ

人生は何事もなさぬにはあまりにも長く、
何かを生み出すにはあまりにも短い。
――中島敦

人生は有限であるがゆえに高貴である。

――舩山信一

〝人生の有限性〟に関して語られた二つの言葉を取り上げます。

冒頭の言葉は、作家・中島敦の代表作『山月記』の中の言葉です。人はその運命には逆らいがたい、然《しか》るがゆえに一日一日の重さをしっかり嚙みしめたい、そんなことを考えさせる言葉です。

中島の墓は、後述の舩山信一の墓のほど近くにありました。墓碑の正面に大きく「中島敦」と刻されていました。人生の短さについて示唆的な言葉を遺した二人が、すぐ近くに眠っていたのでした。

『山月記』『李陵』などの名作で知られる中島ですが、その人生はあまりにも短いものでした。

中島敦は一九〇九（明治四十二）年、東京に生まれます。祖父をはじめ身内に漢学者が多い環境に育ちました。一九三三（昭和八）年、横浜高等女学校（現・私立横浜学園高等学校）の教師となり、かたわら作家を志して執筆活動を続けました。持病の喘息《ぜんそく》悪化のため、転地療養を兼ねて一九四一（昭和十六）年パラオの南洋庁に赴任しますが、健康を害して翌年帰京します。そして、唐代の伝奇『人虎伝』を素材にした『山月記』が深田久弥の推挙で「文学界」に掲載されて文壇にデビューします。

その後、宿痾《しゅくあ》の病を抱えながら創作活動を続けましたが、その喘息の発作がもとで、三十三歳という若さで短い生涯を閉じました。

中島の生涯を顧みるとき、先の言葉はきわめて重く響くようにも思えます。

中島を発掘紹介した、『日本百名山』などで知られる作家・深田久弥の証言です。

「中島敦君のことを思うたびに、私はいつも或る申し訳なさを感じる。君を文壇に送り出すキッカケを作ったのは私であった。しかしそれは遅すぎた。彗星のように文壇に現れたこの異常な光芒は、一年と経たずその姿を消した。もし私の怠慢と不明がなかったら、君の活躍期間はもっと長かったに違いない」（『中島敦全集』別巻）

中島の文壇デビューは『山月記』でしたが、中島の作家人生は一年にも満たなかったのです。遺作となった作品は、深田によって『李陵』という題名をつけられて世に出ました。

中島の最期について、中島と親交のあったドイツ文学者の氷上英廣はこう書いています。

彼は専心、創作に没頭したのである。それは宿望の実現でもあった。彼はこの最後の期間に『名人伝』『弟子』『李陵』といった傑作を、つぎつぎに書いた。しかし、彼の肉体はこの燃焼にたえられなかった。重なる喘息の発作は心臓を衰弱させ、十二月四日には、この世を去ったのであった。最後に〈このおれが、もう四、五人いたらばなあ！　この頭の中にあることを書きあげてくれたらなあ！〉と言ったそうである。

（『中島敦研究』）

また、病床に付き添った中島の妻は、その最期をこう語っています。

好きな本も、芝居も、見ることができなくなり、書くことも出来なくなると、〈書きたい、書きたい〉と涙をためて申しました。〈もう一冊書いて、筆一本持って、旅に出て、参考書も何も無しで、書きたい。俺の頭の中のものを、みんな吐き出してしまいたい〉とも申しました。

（前掲書）

この二つの証言を見ると、中島の表現への執着と切なる思いと無念さがひしひしと伝わってきます。それは、冒頭の中島の言葉の深い意味へと誘うもののようにも思います。

人はその運命には逆らいがたい存在ですが、この長寿社会といわれる今、一日一日を掛け替えのないものとして大切に過ごすことの重さを、この言葉から学ぶことができるように思います。とくに、リタイア後も長い人生が待っているこの時代、その長い日々を、漫然と生きるのか納得のいくものにするかが、すべての人に問われているように思います。

最後に、中島の言葉と響き合う二人の言葉を引いておきます。

あたし、明日はこないかもしれない。そう思って生きてるの。
あんたもそうするといいよ。緊張して生きるようになるから。
(白洲正子。川村二郎『いまなぜ白洲正子なのか』所収)

「明日《あす》は」「明日は」と言いながら、今日という「一日」をむだにすごしたら、
その人は「明日」もまた空しくすごすにちがいありません。
(亀井勝一郎『愛と結婚の思索』)

人生は有限であるがゆえに高貴である。

冒頭に掲げたこの言葉は哲学者・船山信一の言葉です。大きな洋型の墓碑前面いっぱいに、この文字が刻されており、思わず立ち止まりました。限りある人生だからこそ、日々の充足がある、限りある人生だからこそ、創造があり、美が生まれる、ということでしょう。中島敦の墓を訪ねた後、この船山の墓碑に出会い、深い感銘を受けました。

船山信一は一九〇七（明治四十）年、山形県に生まれます。中島敦とほぼ同時代です。京都帝国大学哲学科を卒業。その後、戸坂潤らと唯物論研究会を組織します。一九三四（昭和九）年、治安維持法違反で逮捕・起訴され、執行猶予付きの判決を受けますが、のちにマルクス主義から離れます。ちなみに、一九三八（昭和十三）年、同じく治安維持法違反で逮捕され、獄死した戸坂潤も、同じこの霊園に眠っています。

戦後は河北新報論説委員、立命館大学教授を歴任します。

船山は自身の生涯と学績を、『ひとすじの道　唯物論哲学者の自分史』にまとめていますが、そこに、その誠実な人柄と、学問に対する真摯な姿勢を読み取ることができるように思います。

立命館大学で船山に長く接した西川富雄は、この書の中の追悼文の末尾をこう結んでいます。

かねてから意図されていた『自分史』を先生は今や完《まっと》うされたのであります。おそらくは、舩山信一自身の人間学的、哲学的な結末を完《まっ》たきものとされたに違いありません。それは、まさに生涯を閉じようとするときに言い遺したカントにならっていえば〝Es ist gut〟（それでよい）であります。先生も、同じく大いなる肯定をもってその円環をお閉じになりました。

これでよかったのだという、大きな肯定をもって人生を閉じたという、舩山の生涯を振り返るとき、冒頭の「人生は有限であるがゆえに高貴である」という言葉に深く納得させられます。有限な人生を納得できるものとして生き切った、そのことは先にも述べたように、限りある人生だからこそ日々の充足があり、限りある人生だからこそそこに創造があり美が生まれるのだ、ということかもしれません。

この世の時間は悠久です。しかし人の生には、その時間に限りがあります。だからこそ、人間の人生といえるのではないでしょうか。もし、それに終わりがなく、際限なく命が続くとしたらどうでしょう。それがはたして幸福な人生につながるでしょうか。

中勘助は、

もし我々に死がなかったら生の倦怠をどうしようか。死こそは実に我々に恵まれた甘露である。

（『しずかな流』）


とすら語っています。

かつて不老不死の薬を求めた中国の皇帝がいました。古来、不老不死は多くの人々の願いでもありました。しかし、たとえそれが実現したとしても、その永遠の人生がその人の永遠の幸福につながるかどうかは別の問題です。

また、いくら人生が長くなっても、漫然と日々を送ることにはたして意味があるのでしょうか。

渡辺京二の『無名の人生』を読んでいたらこんな興味深い言葉に出会いました。


人間、死ぬから面白い。

こんなことを言うと、お叱りを受けるかもしれません。しかし、人間、死ぬからこそ、その生に味わいが出てくる。かく言う私だって、まだまだ死にたくありません。今でも世の中に執着がある。けれども、死ぬからこそ、今を生きていることに喜びが感じられるのです。

いま、人生百年の時代などという宣伝文句を盛んに耳にします。寿命が延びること、そのことはめでたいことでしょう。しかし、百歳まで生きるとして、一体どれほどの人が満足の人生を送ることができるでしょうか。

放浪の俳人山頭火の日記にはこのような言葉もありました。

人生――生活は、長い短かいが問題ではない、深いか浅いかに価値がある。

（『其中日記』昭和十年、傍点筆者）

まさにある程度の限りがあり、その中で自身の目標を、あるいは自身が納得できる人生を求めて生きることが、充足の人生、実りある人生につながるのではないでしょうか。

それはまた、いまという時間を大切にする生き方であり、いたずらに過去を引きずったり、未来のために今このときを犠牲にする生き方とは、対極にあるのです。

〝ゆるり〟という生き方、〝泡沫〟という人生

ゆるり　——無名

泡沫　——無名

これまで墓地逍遥で出会った多くの珠玉のような言葉を拾い上げ、セレクトし、再構成してきましたが、それは著名人たちのいわゆる「名言」が中心でした。ここまで書いてきて、ようやく書き終えたという安堵感とともに、どうしても頭の片隅に残った気がかりを捨て去ることができませんでした。それは、私が出会ったもう一つの墓碑群、いわゆる〝無名〟の人々の墓碑に残された言葉でした。そこには、著名人たちの名言や語録に劣らず、深く心に届く、感動のメッセージがありました。

そこで、最後に、そうした無名人たちの語録から、相互に関連し、響き合ういくつかを拾い上げてみることにしました。

霊園を歩いているとき、思いがけない言葉との出会いにハッとすることがあります。

あるとき、一つの鮮烈な文字が目にとまりました。

大きな墓碑に、ひらがなでひと言、

ゆるり

という文字のみが書かれた墓石でした。

この墓碑については先にも少しふれましたが、その迫力ある大きな文字に対面したとき圧倒されました。

それはまた、先の夏目漱石や高村光太郎のところで取り上げた、「馬になるより、牛になれ」というフレーズ、そして同じこの多磨霊園に眠る岸田衿子の作品「いそがなくてもいいんだよ」のことを思い出させました。

〝ゆるり〟という生き方——羨《うらや》ましくもあり、凡俗には容易に真似できそうにもありませんが、しかし心に留め置きたい言葉です。

こんな墓誌にも出会いました。俳人岡野知十の句を刻したものです。

名月や

銭かねいわぬ
　世が恋し

　どこか心に残る句でした。あくせくとして生きるこの時代の日々にうんざりしているとき、ホッとさせられたのです。

　この、喧騒に満ちた時代、「ゆるりと参ろう」と自身のペースを大切にし、「銭かねいわぬ世が恋し」と、たまには世間や常識から「半歩下りてみる」こともあってもいいかもしれません。

　そこには、得がたい非日常のひとときがあるように思われます。

　先の「ゆるり」もそうですが、こんな言葉に出会えた日は、なんとなく心豊かになるのでした。

　ふと見上げると、人間とは比べようもない年輪を重ねた、蒼天に向かって聳《そび》え立つ巨木が、励ましてくれるようにも思えました。

　霊園を歩いていると、あくせくとした現代人の生き方の歪みに気づかせる言葉にしばしば出会います。

　たとえば、墓碑の正面に大きく刻された一文字の「游」「澥」「泰」「穏」「悠」「悠然」「悠久」「三昧《ざんまい》」「のんびり」などの言葉が、墓碑に対面する者の胸の奥深くにジワリとしみ込んできます。

これらの言葉は、先の「ゆるり」と響き合うものであり、現代の支配的価値観であるスピードや効率とは真逆の価値を有するものです。墓碑正面に大きく刻されたそれらの言葉に向き合うと、どこか心豊かになりホッとするのは、あまりにも私たちが日常の喧騒の中に埋没してしまっているからではないでしょうか。

先にあげた墓碑の言葉の一つ「泰」に関して、『論語』の中にこんな言葉がありました。


子曰く、君子は泰にして驕《おご》らず、小人は驕りて泰ならず

君子はいつも泰然として、尊大な態度を見せることなどないが、小人は尊大で落ち着きがない。おそらく、墓碑の正面に大きく「泰」と刻された墓の故人は、この孔子の言葉そのままの人物であったに違いないと思われるのです。

「ゆるり」「悠」「游」「泰」「三昧」、それぞれに味わい深く、深い言葉です。活字から受ける感銘はもちろんですが、これらの文字が正面に大きく刻された墓碑から受ける迫力は相当なものです。

過日、あるところからの依頼を受け、「墓碑に刻まれた言葉」をテーマに話をしました。講演の後の質疑の折、司会者に、「さまざまな墓碑との出会いの中で、最も印象的だったのはどんな言葉ですか」と聞かれ、即座に、それは「泡沫」という言葉です、と答えました。何の躊躇《ちゅう》躇《ちょ》もなくこの言葉が出てきたということは、この短い言葉との出会いが、私にとっていかに強烈であったかを物語っているように思います。

多磨霊園を歩いていたあるとき、大きな墓石の真ん中に、

泡沫

と、ただそれだけを刻した墓碑が目にとまりました。

そしてしばらくそこに立ち止まったのでした。

なんと味わい深い言葉でしょう。

この世はすべて泡沫のごときものだと読むか、あるいは、わが人生は取るに足らぬ泡沫のようなものだった、と読むのでしょうか。

ただ、そこには悲嘆や諦観のイメージは微塵《みじん》も感じられません。墓碑に直接対面していると、むしろこの人生を、無名ではあったけれども自分の人生として堂々と全うしたのだという、気

骨や充足感のようなものを感じてしまうのでした。それは、平凡の中にこそ非凡があり、豊饒《ほうじょう》があると言い換えてもいいのではないでしょうか。

八王子の富士見台霊園では赤塚不二夫の墓碑に出会いました。先にも少しふれましたが、赤塚もさまざまな言葉を遺しています。私がこの霊園で赤塚の墓碑に面したとき、即座に思い出したのが、赤塚の本の題名にもなっているこの一言でした。

これでいいのだ

人生において遭遇するさまざまな事態に対応するとき、あるいは決断のとき、「これでいいのだ」という言葉は実に味わい深く、また大きな励ましとなるように思います。

先の「泡沫」という墓碑の言葉にも、「これでいいのだ」と納得できる人生を全うした故人の生き方が偲《しの》ばれます。

地味で無名の人生であっても、それはその人にとって掛け替えのないものです。無名であることは決してマイナスイメージで捉えることなどできない、そこにはそれぞれの充足があるのだという思いを強くしたのでした。

こんな句にも出会いました。

天晴れて
太平洋に
ざこを釣る

どこか、心に残る句でした。

大きな海へ出て、たとえば鯛や鰹や鮪《まぐろ》など大物ばかりを狙うのでなく、悠然として雑魚《ざこ》を釣っている、そんな人生もあってもいいのではないか、そんな風にも聞こえます。

大物ばかり狙って、あるいは勝ち組になることだけのために消耗する人生よりも、自分の人生を、日々是好日を悠然と生き切る、そんな生き方を大切にしたい、と考えることもあってもいいのではないかと思うのです。

あの「泡沫」の墓碑の気骨の言葉が響き合います。

「泡沫」の墓碑に出会った後、渡辺京二の文章を読んでいて、次のような一節が目にとまりました。


人間の一生には幸福も不幸もあるけれど、その評価は、自分で一生を総括してどう考えるかの問題だということになります。他人が判断できることではありません。幸福度を客観的に測る基準などないからです。

人間の幸福とは、摑みどころのないもの。それでも、一つだけ言えることがある。幸不幸の入り混じった人生ではあっても、それを通観してみて、自分なりの尺度でもって判断することはできる。幸も不幸もあったけれど、どちらがより多かったのか、無駄な一生だったと振り返るのか、それとも実りの多い人生だったと思うのか。

（『無名の人生』）


渡辺はこう書きながら、大切なことは自分の人生をあるがままに受け取ることだろう、と語っています。

いたずらに過去を引きずることなく、外からの目を気にせず、周囲と比較することなく、自分の人生を生き切る、そのことが幸福な人生を全うすることにつながるのではないでしょうか。それはまた、〝泡沫〟の人生の大いなる肯定につながります。

効率と業績のみが評価され、世渡りのうまい人物だけがもてはやされているように見えるこの時代です。しかしそれを見透かし見つめる深い目もあります。そんな時代に、自分の生き方を愚直に逞しく貫くことに深い意味があるように思います。

先の〝ゆるり〟と、この〝泡沫〟という言葉――墓碑の正面に大きく書かれたこの文字に対面していると、二つの言葉が深く響き合っているように思われます。

そしてそこから、たとえようもない共感と励ましを受け取ることができるように思えるのでした。

昨今のメディアの論調には、タイパ（タイムパフォーマンス、時間効率）という言葉が目立ちます。スマホやSNSの普及、映画やドラマなどの倍速視聴はその一例です。諸調査でも、多くの人が〝時間に追われている〟と答えています。

そんな時代だからこそ、急がず、立ち止まり、自分の時間を大切にしたいと思うのです。言葉や文字の力、その重さ、深さや味わいを再発見することは、そのための手立ての一つといえると思います。

あとがき

思えば遠くへ来たもんだ――フォークグループ海援隊の歌にそんな歌詞がありました。

この霊園散策、墓地逍遥《しょうよう》の旅も、長い旅でした。そしてふと、なぜか何のかかわりもないことながら、このフレーズを思い出したのでした。

旅の始まりは二〇〇一年ごろで、その旅の一つの区切りとして、『東京多磨霊園物語』を書き始めたのが二〇一〇年ごろでした。本書は刊行後多くの反響をいただき、版を重ねました。それが次作『東京青山霊園物語』、そして『鎌倉古寺霊園物語』の三部作へと続き、そして『墓碑をよむ――〝無名の人生〟が映す豊かなメッセージ』、さらにその後の墓地逍遥の成果を加えて、本書『デュオする名言、響き合うメッセージ』へとつながりました。その間、他の本も何冊か上梓しましたが、ともかく、今回、二十数年に及ぶ霊園あるいは墓碑をめぐる旅とその物語に、ひとまず区切りがついたことに大きな達成感を感じました。

まさにフィニッシュという実感です。

旅の過程で、数多の人物に出会いました。心に届く多彩な言葉がそこにありました。それまで執筆したいくつかの霊園のほか、その後歩いた霊園で出会った人々が遺した言葉と関連資料は、実に膨大な量にのぼりました。その中から、どこか響き合うもの、重なり合うものを探す作業はそれなりの労力を伴うものでしたが、そこでの得がたい出会いと発見に、執筆意欲を掻き立てられました。

誰もが納得するような珠玉の言葉の組み合わせから、「何、それ？」と言われそうな意外性のあるものまで、多彩で異色な名言の集積となりました。それを可能にしたのは、日ごろ心がけていた発想の柔軟性と常識の超越ということでした。膨大な資料を読み込んでいると、その中から言葉やフレーズが飛び出し、語りかけてくれることがしばしばありました。そしてそれらの言葉やフレーズが発するインパクトが、他の言葉の連想へと誘うのでした。深い気づきがそこにありました。得がたい体験でした。

そんな話を、長い交友のある福村出版の宮下社長と話していたら、宮下さんは〝デュオする名言〟という切り口に深く共感され、是非執筆するよう励まされました。この出版不況のなか、宮下社長の心意気に深い感銘を受けました。

本書の執筆に際しては、巻末の参考文献の著者の方々を含め、多くの先達の導きに負うところが少なくなく、深甚の謝意を表するものです。

また、これまでの著作の執筆を含めて、今回も旧知の方々や畏友諸氏から温かい励ましと貴重な提言をいただきました。あらためて謝意を表したいと思います。

また、編集を担当された小山光さんは、先の『墓碑をよむ』以来の二度目のお付き合いとなりましたが、今回も的確な指摘と示唆を賜りました。あわせて謝意を表したいと思います。

表紙は今回も日本芸術院会員の藪野健先生にお願いしたところ、快諾していただきました。拙著の表紙としては、『還って来た山頭火』（春陽堂）、『人は鹿より賢いのか』（福村出版）に続いて三冊目になります。藪野先生の絵はまことに味わい深く、温かく、そして深く、読者の皆さんからも大変好評をいただきました。

宮下さん、小山さん、そして藪野さんら素晴らしい方々のお力を得て、本書は納得のいく一冊となりました。

振り返ってみると、当初ラインナップされた言葉の組み合わせはかなりの数にのぼりました。ただ、紙幅の関係から少なからざる数を割愛せざるを得なくなり、やむを得ずカットいたしました。また、採録した言葉には、本人自身の言葉に加えて、作家などの場合は作中人物に語らせたものも含めました。

なお、引用にあたっては、読みやすさに配慮して、新字と現代仮名遣いに改めたり、一部を現代文風に改めたところがあること、そして、必要に応じてルビを振ったことをお断りしておきます。

先ほども書いたとおり、私の一連の霊園シリーズともいえる著書の執筆は一区切りついたわけですが、気ままな霊園の散策や墓地逍遥まで終えたわけではありません。

近隣の霊園は緑深く格好の散策路でもあり、また数多の著名人たちの眠るところとしても知られていますが、多くは無名の人々の墓所です。そしてその広大さゆえに歩くたびに新たな出会いと発見に遭遇します。つい見逃してしまいそうなディテールに、深い真実が潜んでいることもしばしばです。

また、時には風に吹かれて知らない街の墓地や寺社を訪ね、墓碑や墓誌からそこに眠る人々の人生や生きた時代に思いを馳せ、あるときには同好の士たちと語らいながら霊園や寺社の墓地を歩くのが、掛け替えのない充足のときとなります。

気ままな墓地逍遥の愉しみには、尽きるところがありません。

二〇二二年晩秋

東京都府中市の寓居にて

立元幸治

参考文献

※本文中に明記・引用したものの一部は除外しました。

『日本文学全集』集英社（一九六六〜七二）
『新潮日本文学』新潮社（一九八四〜八六）
『日本大百科全書』小学館（一九八四）
『世界大百科事典』平凡社（一九八八）
日本経済新聞社編『私の履歴書』日本経済新聞社（一九六〇〜一九八七）
松本三之介編『近代日本思想大系30 明治思想集Ⅰ』筑摩書房（一九七六）
松本三之介編『近代日本思想大系31 明治思想集Ⅱ』筑摩書房（一九七七）
松本三之介編『近代日本思想大系32 明治思想集Ⅲ』筑摩書房（一九九〇）
今井清一編『近代日本思想大系33 大正思想集Ⅰ』筑摩書房（一九七八）
鹿野政直編『近代日本思想大系34 大正思想集Ⅱ』筑摩書房（一九七七）
松田道雄編『近代日本思想大系35 昭和思想集Ⅰ』筑摩書房（一九七四）
橋川文三編『近代日本思想大系36 昭和思想集Ⅱ』筑摩書房（一九七八）
松本三之介・山室信一校注『日本近代思想大系10 学問と知識人』岩波書店（一九八八）
松本三之介・山室信一校注『日本近代思想大系11 言論とメディア』岩波書店（一九九〇）
松本三之介『明治精神の構造』岩波書店（二〇一二）
保坂正康『こころをよむ　近代日本人の精神史』NHK出版（二〇一八）

土屋喬雄監修、荒木昌保編『新聞が語る明治史』原書房（一九七六）
上田正昭他監修『講談社日本人名大辞典』講談社（二〇〇一）
尚学図書編『日本名言名句の辞典』小学館（一九八八）
朝日新聞社編『朝日日本歴史人物事典』朝日新聞社（一九九四）
日外アソシエーツ編『20世紀日本人名事典』日外アソシエーツ（二〇〇四）
キネマ旬報社編『日本映画人名事典』キネマ旬報社（一九九六〜九七）
永井荷風『新版　断腸亭日乗』岩波書店（二〇〇一〜〇二）
半藤一利『昭和史　1924〜1945』平凡社（二〇〇四）
中村隆英『昭和史』上・下　東洋経済新報社（二〇一二）
浦辺登『霊園から見た近代日本』弦書房（二〇一一）
森光俊『著名人の墓所（東京・神奈川とその近県）』星雲社（二〇一四）
野田宇太郎『文学散歩』第五巻　文一総合出版（一九七八）
城山三郎編『男の生き方四〇選』上・下　文藝春秋（一九九一）
小島英記『男の晩節』日本経済新聞社（二〇〇六）
岡崎武志『読書で見つけたこころに効く「名言・名セリフ」』光文社（二〇一六）
石坂昌三『巨匠たちの伝説　映画記者現場日記』三一書房（一九八八）
伊藤玄二郎編『文学を歩く　鎌倉の文学小事典』かまくら春秋社（二〇〇五）
野々上慶一・伊藤玄二郎編『父の肖像』かまくら春秋社（一九九九）
松原一枝『文士の私生活　昭和文壇交友録』新潮社（二〇一〇）
安宅夏夫・松尾順造『鎌倉文学散歩』保育社（一九九三）

岩井寛編『作家の臨終・墓碑事典』東京堂出版（一九九七）
岩井寛『作家臨終図会　墓碑銘を訪ねて』徳間書店（一九九一）
川本三郎『今日はお墓参り』平凡社（一九九九）
大塚英良『文学者掃苔録図書館』原書房（二〇一五）
中川八郎『作家の墓　文学散歩』上・下　一穂社（一九九二）
小栗結一『掃苔しましょう』集英社（二〇〇八）
NHK「あの人に会いたい」刊行委員会『あの人に会いたい』新潮社（二〇〇八）
高井規矩郎『死にざまの昭和史』中央公論新社（二〇〇六）
古井風烈子編『日本人〈死〉人名事典　作家篇』新人物往来社（一九九七）
山田風太郎『人間臨終図鑑』上・下　徳間書店（一九八六）
荒俣宏責任編集『知識人99人の死に方』角川書店（一九九四）
服部敏良『有名人の死亡診断　近代編』吉川弘文舘（二〇一〇）
嵐山光三郎『追悼の達人』新潮社（一九九九）
山口瞳『追悼』上・下　論創社（二〇一〇）
講談社文芸文庫編『追悼の文学史』講談社（二〇一三）
合田一道『日本人の遺書』藤原書店（二〇一〇）
文藝春秋編『弔辞　劇的な人生を送る言葉』文藝春秋（二〇一一）
「不滅の弔辞」編集委員会編『不滅の弔辞』集英社（一九九八）
倫書房編集部編『弔辞大全』倫書房（一九九八）
共同通信文化部編『追悼文大全』三省堂（二〇一六）

森銑三編『明治人物逸話辞典』上・下　東京堂出版（一九六五）
森銑三編『大正人物逸話辞典』東京堂出版（一九六六）
森まゆみ『明治東京畸人伝』新潮社（一九九六）

『中江兆民全集』岩波書店（一九八三〜八六）
木村久邇典『素顔の山本周五郎』新潮社（一九七〇）
木村久邇典『男としての人生　山本周五郎のヒーローたち』グラフ社（一九八二）
清原康正編著『山本周五郎のことば』新潮社（二〇〇三）
『明治文学全集37　政教社文学集』筑摩書房（一九八〇）
『尾崎咢堂全集』公論社（一九五五〜五六）
『大平正芳全著作集』講談社（二〇一〇〜一二）
読売新聞政治部編『時代を動かす政治のことば』東信堂（二〇〇一）
国正武重『伊東正義　総理のイスを蹴飛ばした男』岩波書店（二〇一四）
外崎光広『植木枝盛の生涯』高知市文化振興事業団（一九九七）
林達夫『歴史の暮方　共産主義的人間』中央公論新社（二〇〇五）
星新一『人民は弱し 官吏は強し』新潮社（一九七八）
井上ひさし『吉里吉里人』新潮社（一九八一）
『明治文学全集42　徳富蘆花集』筑摩書房（一九六六）
松本健一『評伝 斎藤隆夫　孤高のパトリオット』岩波書店（二〇〇七）
大橋昭夫『斎藤隆夫　立憲政治家の誕生と軌跡』明石書店（二〇〇四）

松井慎一郎『河合栄治郎　戦闘的自由主義者の真実』中央公論新社（二〇〇九）
丸山眞男・福田歓一編『回想の南原繁』岩波書店（一九七五）
『丸山眞男集』岩波書店（一九九五〜九七）
白石仁章『杉原千畝　情報に賭けた外交官』新潮社（二〇一五）
杉原幸子『六千人の命のビザ』朝日ソノラマ（一九九〇）
堀口九萬一『世界と世界人』第一書房（一九三六）
下中弥三郎伝刊行会編『下中弥三郎事典』平凡社（一九六五）
安倍能成『岩波茂雄伝』岩波書店（二〇一二）
中島岳志『岩波茂雄　リベラル・ナショナリストの肖像』岩波書店（二〇一三）
浜口庫之助『ハマクラの音楽いろいろ』朝日新聞社（一九九一）
杉村春子『杉村春子　舞台女優』日本図書センター（二〇〇二）
細井和喜蔵『女工哀史』改造社（一九二五）
藤森成吉『何が彼女をさうさせたか』改造社（一九二七）
山極圭司『評伝木下尚江』三省堂（一九七七）
『木下尚江全集』教文館（一九九〇〜二〇〇三）
『柳宗悦全集』筑摩書房（一九八〇〜九二）
日本経済新聞社編『私の履歴書　文化人4』日本経済新聞社（一九八三）
『志賀直哉全集』岩波書店（一九九八〜二〇〇二）
小林勇『一本の道』岩波書店（一九七五）
宮武外骨著、吉野孝雄編『新編・予は危険人物なり　宮武外骨自叙伝』筑摩書房（一九九二）

井出孫六『抵抗の新聞人　桐生悠々』岩波書店（一九八〇）
『大宅壮一全集』蒼洋社（一九八〇～八一）
『和辻哲郎全集』岩波書店（一九八九～九二）
『鈴木大拙全集』岩波書店（一九九九～二〇〇三）
岡村美穂子・上田閑照『大拙の風景　鈴木大拙とは誰か』燈影舎（一九九九）
植木武編『国際社会で活躍した日本人　明治～昭和13人のコスモポリタン』弘文堂（二〇〇九）
森清『大拙と幾多郎』岩波書店（二〇一一）
『西田幾多郎全集』岩波書店（二〇〇三～〇七）
上田閑照『西田幾多郎　人間の生涯ということ』岩波書店（一九九五）
福田眞人『北里柴三郎　熱と誠があれば』ミネルヴァ書房（二〇〇八）
松田誠『高木兼寛伝　脚気をなくした男』講談社（一九九〇）
倉迫一朝『病気を診ずして病人を診よ　麦飯男爵　高木兼寛の生涯』鉱脈社（一九九九）
瀬戸内晴美ほか編著『人物近代女性誌　女の一生　7　明治女性の知的情熱』講談社（一九八一）
『新潮日本文学25　大仏次郎集』新潮社（一九八一）
『白秋全集』岩波書店（一九八四～八八）
薮田義雄『評伝北原白秋』玉川大学出版部（一九七三）
川本三郎『白秋望景』新書館（二〇一二）
井上謙・神谷忠孝編『向田邦子鑑賞事典』翰林書房（二〇〇〇）
井上ひさし『創作の原点　ふかいことをおもしろく』ＰＨＰ研究所（二〇一一）
笹沢信『ひさし伝』新潮社（二〇一二）

後藤茂樹編『現代日本美術全集7　青木繁・藤島武二』集英社（一九七二）
小倉寛子『小倉遊亀　天地の恵みを生きる　百四歳の介護日誌』文化出版局（一九九九）
横山大観『大観自伝』講談社（一九八一）
熊谷守一『へたも絵のうち』平凡社（二〇〇〇）
岡本太郎『自分の中に毒を持て』青春出版社（二〇〇二）
岡本太郎著、岡本敏子構成・監修『強く生きる言葉』イースト・プレス（二〇〇三）
高村光太郎『道程』角川書店（一九六八）
藤原義江『歌に生き恋に生き』文藝春秋（一九六七）
村松友視『黄昏のダンディズム』佼成出版社（二〇〇二）
石井好子『石井好子　思い出はうたと共に』日本図書センター（二〇一二）
都築政昭『小津安二郎日記』講談社（一九九三）
石坂昌三『小津安二郎と茅ヶ崎館』新潮社（一九九五）
都築政昭『黒澤明　全作品と全生涯』東京書籍（二〇一〇）
浜野保樹編・解説『大系　黒澤明』第一巻～第四巻　講談社（二〇〇九～一〇）
笠智衆『俳優になろうか』日本経済新聞社（一九八七）
佐藤忠男『映画俳優』晶文社（二〇〇三）
神戸新聞社編『わが心の自叙伝　映画・演劇編』神戸新聞総合出版センター（二〇〇〇）
澤地久枝『男ありて　志村喬の世界』文藝春秋（一九九四）
小笠原清・梶山弘子編『映画監督　小林正樹』岩波書店（二〇一六）
大島武・大島新『君たちはなぜ、怒らないのか』日本経済新聞出版社（二〇一四）

中川右介『十一代目團十郎と六代目歌右衛門　悲劇の「神」と孤高の「女帝」』幻冬舎（二〇〇九）
織田紘二『芸と人　戦後歌舞伎の名優たち』演劇出版社（二〇一一）
『野上弥生子全集』岩波書店（一九八〇～八五）
岩橋邦枝『評伝　野上彌生子　迷路を抜けて森へ』新潮社（二〇一一）
高村光太郎著、北川太一編『高村光太郎詩集』旺文社（一九六九）
中村稔『高村光太郎論』青土社（二〇一八）
『漱石全集』岩波書店（一九九三～九九）
亀井勝一郎『愛の無常について』角川書店（一九六六）
亀井勝一郎『黄金の言葉』大和書房（一九六四）
中村元『仏典のことば　現代に呼びかける智慧』サイマル出版会（一九八九）
吉川龍子『日赤の創始者　佐野常民』吉川弘文館（二〇〇一）
ルトガー・ブレグマン著、野中香方子訳『Humankind　希望の歴史』上・下　文藝春秋（二〇二一）
『藤沢周平全集』文藝春秋（一九九二～二〇一二）
高橋敏夫『藤沢周平の言葉』角川SSコミュニケーションズ（二〇〇九）
『加藤道夫全集』青土社（一九八三）
尾崎喜八『音楽への愛と感謝』音楽之友社（一九九二）
尾崎喜八『尾崎喜八詩文集』創文社（一九五八～七五）
『斎藤茂吉全集』岩波書店（一九七三～七六）
『吉井勇全集』番町書房（一九六三～六四）
『中勘助全集』岩波書店（一九八九～九一）

渡辺外喜三郎『中勘助の文学』桜楓社（一九七六）
『開高健全集』新潮社（一九九一～九三）
滝田誠一郎『開高健名言辞典　漂えど沈まず』小学館（二〇一三）
岡本太郎『美しく怒れ』角川書店（二〇一一）
『荷風全集』岩波書店（一九九二～九五）
石坂洋次郎『草を刈る娘』新潮社（一九五九）
『中島敦全集』筑摩書房（二〇〇一～〇二）
舩山信一『ひとすじの道　唯物論哲学者の自分史』三一書房（一九九四）
渡辺京二『無名の人生』文藝春秋（二〇一四）
立元幸治『東京多磨霊園物語』明石書店（二〇一三）
立元幸治『東京青山霊園物語』明石書店（二〇一五）
立元幸治『鎌倉古寺霊園物語』明石書店（二〇一七）
立元幸治『墓碑をよむ　〝無名の人生〟が映す、豊かなメッセージ』福村出版（二〇一九）
立元幸治『還って来た山頭火　いま、私たちに何を語るのか』春陽堂書店（二〇二〇）

人物墓所一覧

※登場順。

中江兆民（青山霊園）
山本周五郎（鎌倉霊園）
佐多稲子（富士見台霊園）
忌野清志郎（高尾霊園）
陸羯南（染井霊園）
尾崎行雄（円覚寺黄梅院）
大平正芳（多磨霊園）
伊東正義（鎌倉霊園）
植木枝盛（青山霊園）
林達夫（大庭台霊園）
星新一（青山霊園）
井上ひさし（浄光明寺）
徳富蘆花（蘆花恒春園）
与謝野晶子（多磨霊園）
壺井栄（小平霊園）
斎藤隆夫（青山霊園）
谷川徹三（東慶寺）
南原繁（多磨霊園）

丸山真男（多磨霊園）
杉原千畝（鎌倉霊園）
堀口九萬一（鎌倉霊園）
下中弥三郎（多磨霊園）
岩波茂雄（東慶寺）
浜口庫之助（鎌倉霊園）
杉村春子（富士霊園）
細井和喜蔵（青山霊園）
藤森成吉（青山霊園）
木下尚江（青山霊園）
柳宗悦（小平霊園）
今日出海（鎌倉カトリック霊苑）
志賀直哉（青山霊園）
永井荷風（雑司ヶ谷霊園）
小林勇（東慶寺）
宮武外骨（染井霊園）
桐生悠々（多磨霊園）
大宅壮一（瑞泉寺）

赤瀬川原平（東慶寺）
鈴木大拙（東慶寺）
西田幾多郎（東慶寺）
北里柴三郎（青山霊園）
高木兼寛（青山霊園）
呉秀三（多磨霊園）
荻野吟子（雑司ヶ谷霊園）
大佛次郎（寿福寺）
北原白秋（多磨霊園）
向田邦子（多磨霊園）
藤島武二（青山霊園）
小倉遊亀（浄智寺）
横山大観（谷中霊園）
熊谷守一（多磨霊園）
岡本太郎（多磨霊園）
高村光太郎（染井霊園）
藤原義江（鎌倉霊園）
石井好子（青山霊園）
小津安二郎（円覚寺）
黒澤明（安養院）
笠智衆（成福寺）

志村喬（瑞泉寺）
小林正樹（円覚寺松嶺院）
大島渚（建長寺回春院）
六代目中村歌右衛門（青山霊園）
二代目尾上松緑（鎌倉霊園）
野上弥生子（東慶寺）
夏目漱石（雑司ヶ谷霊園）
中村元（多磨霊園）
佐野常民（青山霊園）
斎藤茂吉（青山霊園）
藤沢周平（東京都八王子霊園）
亀井勝一郎（多磨霊園）
加藤道夫（多磨霊園）
尾崎喜八（明月院）
吉井勇（青山霊園）
中勘助（青山霊園）
開高健（円覚寺松嶺院）
石坂洋次郎（多磨霊園）
中島敦（多磨霊園）
舩山信一（多磨霊園）

立元幸治（たちもと　こうじ）
1960年九州大学卒業後、NHKに入局。主に教養系番組の制作に携わり、チーフ・プロデューサー、部長、局長、審議委員などを務める。主な制作番組に、「自然のシステムと人間」「大学の未来像」「情報と現代」「近世日本の私塾」「明治精神の構造」「日本の政治文化」などがある。NHK退職後、九州産業大学、東和大学などで「メディア論」や「現代社会論」などの講義と研究に携わり、現在は主に執筆講演活動を展開している。著書に、『転換期のメディア環境』（福村出版）、『「こころ」の出家』（筑摩書房）、『「こころ」の養生訓』『誰がテレビをつまらなくしたのか』『器量と人望　西郷隆盛という磁力』（PHP研究所）、『貝原益軒に学ぶ』（三笠書房）、『東京多磨霊園物語』『東京青山霊園物語』『鎌倉古寺霊園物語』（明石書店）、『威ありて猛からず　学知の人　西郷隆盛』（新講社）、『墓碑をよむ』（福村出版）、『還って来た山頭火』（春陽堂書店）、『人は鹿より賢いのか』（福村出版）などがある。

デュオする名言《めいげん》、響《ひび》き合《あ》うメッセージ
——墓碑《ぼひ》を歩《ある》き、人《ひと》と出会《であ》う、言葉《ことば》と出会《であ》う

2023年6月25日　初版第1刷発行

著　者　立　元　幸　治
発行者　宮　下　基　幸
発行所　福村出版株式会社
〒113-0034　東京都文京区湯島 2-14-11
電　話　03(5812)9702
FAX　03(5812)9705
https://www.fukumura.co.jp

印刷・製本　中央精版印刷株式会社

 Printed in Japan　ISBN978-4-571-30041-7 C0095